―税理士・経理担当者必携―

インボイス制度の重要点解説

森田 修 著

一般財団法人　大蔵財務協会

はじめに

　令和5年10月1日にインボイス制度が導入されてから、1年が経過しました。インボイス制度に関しては、導入の前後で多数の解説書が出版されていましたが、その後、国税庁が公表した「消費税の仕入税額控除制度における適格請求書等保存方式に関するQ＆A」が令和6年4月に大幅に改訂され、「お問い合わせの多いご質問」も随時更新されています。また、令和6年度税制改正においても、インボイス制度に関する改正が行われています。

　そんな折、大蔵財務協会から、インボイス制度導入1年を機に、制度がスタートした後の疑問点や注意すべき点などを解説した本を作りましょうというお話しをいただき、少しでもインボイス制度の定着にお役に立てればと思い、引き受けることにしました。

　インボイス制度は、インボイス発行事業者の登録に始まり、売手としてのインボイスの交付、買手としてのインボイスの保存、税額を計算した上で申告という流れになりますが、実際に制度が動き出すと、買手としてのインボイスの保存に関する疑問が多くなっているのではないかと感じています。

　そこで、本書では、まず仕入税額控除を行う側（買手）の視点から解説を始め、その後、インボイスを交付する側（売手）の取扱い、税額計算の方法等を解説するという構成にしており、実務に携わる方が疑問を抱くと思われる事項や特に気を付けていただきたい事項については、「重要点メモ！」として掲載しています。

　また、仕入税額控除の適用を受けるためには、取引に係る全てのインボイスを保存することが原則ですが、事業者の事務負担に配慮した各種の取扱いが国税庁から公表されており、これらの取扱いもできる

限り収録しました。

　本書は、特に税の専門家である税理士や実際に実務を担当している経理担当者の方々をターゲットにしています。そのため、本書を利用される方々が、目的の項目に容易にたどり着くために検索できるよう、目次を詳細なものとしています。

　本書が、消費税の実務に携わる方々のお役に立てれば幸いです。

令和6年10月

税理士　森田　修

―税理士・経理担当者必携―
インボイス制度の重要点解説

目　次

I　インボイス制度の概要

1　インボイス制度とは ─────────────── 2
2　仕入税額控除の要件 ─────────────── 2
3　免税事業者等からの仕入れに係る経過措置 ─── 3
4　インボイス等の交付義務等 ──────────── 3
　(1)　インボイスの交付義務 ─────────── 3
　(2)　返還インボイスの交付義務 ──────── 4
　(3)　修正インボイスの交付義務 ──────── 5
　(4)　電子インボイスの提供 ────────── 5
　(5)　インボイス等の写し等の保存義務 ─── 5
5　インボイス発行事業者の登録制度 ──────── 6

II　仕入税額控除の要件としてのインボイスと帳簿の保存等

1　仕入税額控除の適用要件 ──────────── 8
　(1)　「インボイス」とは ──────────── 9

(2)　「簡易インボイス」とは ——————————— 9
　(3)　「インボイス」及び「簡易インボイス」の記載事項 ——— 10
　(4)　「仕入明細書等」とは ——————————— 11
　(5)　「仕入明細書等」の記載事項 ————————— 12
　(6)　仕入明細書等の相手方への確認方法 ——————— 13
　　重要点メモ！　確認方法③の具体的な方法 ———————— 13
　(7)　家事共用資産を取得した場合の仕入税額控除 ———— 14
　(8)　輸入に係る消費税の仕入税額控除 ———————— 15
2　帳簿の記載事項 ————————————————— 15
　　重要点メモ！　帳簿記帳の留意事項 ————————— 16
3　交付を受けたインボイスに誤りがあった場合の対応 - 16
　(1)　修正インボイスの交付を受ける方法 ——————— 17
　(2)　仕入明細書等により修正等する方法 ——————— 17
　(3)　買手が修正して売手の確認を受ける方法 ————— 18
4　適格請求書発行事業者公表サイトの検索結果とレシート表記が異なる場合 ————————————— 19
5　仕入明細書において対価の返還等について記載する場合 ————————————————————— 19
6　インボイスと仕入明細書を一の書類で交付する場合 - 21
7　保存すべきインボイスの置き換え ————————— 23
　(1)　取引先に経費を立て替えてもらった場合 —————— 23
　　　問　複数者分の経費を一括して立替払している場合 ——— 25
　(2)　従業員が立替払をした場合 —————————— 29
　　　問　セミナー等の参加費に係る請求書等の保存 ———— 30
　(3)　口座振替・口座振込による家賃の支払 —————— 33

問　契約書にインボイスに必要な記載事項が不足している
　　　　場合―――――――――――――――――――――35
　　　重要点メモ！　契約書だけでインボイスにすることができない理由
　　　　　――――――――――――――――――――――36
　　(4)　共同事業として経費を支払った場合――――――――37
8　インボイスの簡便な保存方法――――――――――38
　　(1)　ECサイト内にある電子インボイスの保存方法――――38
　　(2)　高速道路利用料金をクレジットカードで精算する場合――39
　　(3)　振込手数料等に係るインボイスの保存方法―――――41
**9　インボイスに記載された消費税額等と仕入控除税額
　　が一致しない場合**―――――――――――――――43
　　　問　会社が一部負担する社員食堂の仕入税額控除――――44
　　　問　商品購入時にポイントを使用した場合の仕入控除税額―46
**10　リバースチャージ方式の対象となる取引等とインボ
　　イスの保存**―――――――――――――――――48
　　　重要点メモ！　プラットフォーム課税とインボイスの保存――――49
11　課税仕入れの時期――――――――――――――49
　　(1)　短期前払費用――――――――――――――――50
　　　重要点メモ！　前払費用の金額が変動した場合―――――――51
　　(2)　郵便切手類又は物品切手等により課税仕入れを行った場合
　　　　――――――――――――――――――――――51
　　　問　物品切手等を割引・割増価格により購入した場合の仕
　　　　入税額控除―――――――――――――――――54
　　(3)　返信用封筒に貼付した郵便切手に係る仕入税額控除――56

12　帳簿のみの保存で仕入税額控除の適用が受けられる場合 ―― 56
- (1)　「公共交通機関特例」とは ―― 58
- (2)　「古物商等特例」とは ―― 60
  - 問　古物商がフリマアプリ等により商品を仕入れた場合の仕入税額控除 ―― 62
- (3)　「自動販売機等特例」とは ―― 72
- (4)　「出張旅費等特例」とは ―― 73
  - 問　実費精算の出張旅費等 ―― 75
  - 問　日当等に免税事業者等からの課税仕入れが含まれている場合の取扱い ―― 77
  - 問　派遣社員等や内定者等へ支払った出張旅費等の仕入税額控除 ―― 79
  - 問　利用の際に回収されるタクシーチケットに係る仕入税額控除 ―― 82
- (5)　「通勤手当特例」とは ―― 83
- (6)　帳簿の記載事項 ―― 84

13　免税事業者等からの仕入れに係る経過措置 ―― 85
- (1)　帳簿の記載事項 ―― 87
- (2)　請求書等の記載事項 ―― 87
  - 重要点メモ!　区分記載請求書等の電子データによる提供 ―― 88
  - 問　インボイス発行事業者等からの課税仕入れへの80％・50％控除適用の可否 ―― 89

14　一定規模以下の中小事業者の仕入税額控除の特例措置（少額特例） ―― 89

- (1) 少額特例の概要 ―― 89
- (2) 適用対象となる課税期間の判定 ―― 90
- (3) 少額特例の判定単位 ―― 91
- (4) 免税事業者等からの仕入れに係る取扱い ―― 92
- (5) インボイス発行事業者（売手）の交付義務 ―― 93

Ⅲ インボイス発行事業者の交付義務と保存義務

1 インボイスを交付する義務 ―― 96

重要点メモ! インボイス発行事業者でなくなった後のインボイスの交付義務 ―― 97

2 簡易インボイスを交付することができる事業 ―― 97
- (1) 「不特定かつ多数の者に資産の譲渡等を行う事業」とは ―― 98
- (2) 電気・ガス・水道水の供給など ―― 99
- (3) 消費者に限定したサービスの提供 ―― 99
  - 問　セミナーの参加者に簡易インボイスを交付することの可否 ―― 101

3 電子インボイスの提供 ―― 102
- (1) 書面と電子データによるインボイスの交付 ―― 102
- (2) 書面と電子データを合わせた仕入明細書 ―― 104

4 インボイスの交付義務の免除 ―― 105
- (1) 3万円未満の公共交通機関による旅客の運送 ―― 106
- (2) 卸売市場を通じた生鮮食料品等の委託販売 ―― 106
- (3) 農業協同組合等を通じた農林水産物の委託販売 ―― 107
- (4) 自動販売機等により行われる商品の販売等 ―― 108

(5)　郵便・貨物サービス ———————————————— 108
5　返還インボイスの交付義務とその免除 ———————— 108
　(1)　返還インボイスの交付義務 ———————————— 108
　重要点メモ!　インボイス発行事業者でなくなった後の返還イ
　　　　　　　ンボイスの交付義務 ————————————— 109
　重要点メモ!　売上対価の返還等をした場合の消費税額の控除 — 109
　(2)　返還インボイスの交付義務の免除 ————————— 110
　(3)　少額な返還インボイスの交付義務の免除 —————— 110
　重要点メモ!　1万円未満かどうかの具体例 ———————— 111
　　　問　売手が負担する振込手数料相当額 ———————— 112
6　修正インボイスの交付義務 ———————————— 116
7　インボイスの写しを保存する義務 ————————— 116
　重要点メモ!　「交付したインボイスの写し」とは ———— 117
　(1)　提供した電子インボイスの保存 ————————— 117
　重要点メモ!　「整然とした形式及び明瞭な状態」とは —— 119
　(2)　インボイスの写しの電子データによる保存 ———— 119
　(3)　電子インボイスの出力（印刷）する事項 ————— 121
　(4)　PDF形式の電子インボイスを提供した場合の保存 — 122
8　取引の形態や慣行に配慮したインボイスの交付等 — 123
　(1)　代理交付 ———————————————————— 123
　(2)　媒介者交付特例 ———————————————— 125
　重要点メモ!　「代理交付」と「媒介者交付特例」の違い — 129
　　　問　媒介者交付特例における消費税額等の端数処理 —— 130
　(3)　公売特例 ———————————————————— 133
　(4)　任意組合等に係る事業のインボイスの交付 ———— 134

| 重要点メモ！ | 任意組合等がインボイスの交付ができなくなる場合 ———————————————————— 135

(5) インボイス発行事業者とそれ以外の事業者が共有資産を売却等した場合 ———————————————————— 135

| 重要点メモ！ | 仕入控除税額の借主への周知 ———————————— 136

(6) 家事共用資産を譲渡した場合 ———————————— 136

| 重要点メモ！ | 家事共用資産を仕入明細書等により仕入税額控除する場合 ———————————————————— 137

(7) 値増し金に係るインボイスの交付 ———————————— 137

(8) 対価を前受けした場合のインボイスの交付時期 ———— 138

(9) 資産の譲渡等の時期の特例とインボイスの交付義務 ———— 138

| 重要点メモ！ | 資産の譲渡等の時期の特例とインボイスの交付義務の関係 ———————————————————— 140

9 インボイス類似関係書類等の交付の禁止 ———————— 140

| 重要点メモ！ | 免税事業者が請求書等に消費税相当額を記載した場合 ———————————————————— 141

Ⅳ インボイスと簡易インボイスの記載事項等

1 インボイスと簡易インボイスの記載事項 ———————— 144

| 重要点メモ！ | 名称や登録番号等の記載方法 ———————————— 148

問 一定期間の取引をまとめたインボイスの交付 ———— 149

問 複数年をまたぐ取引に係るインボイスの交付 ———— 153

(1) インボイスに記載する消費税額等の端数処理 ———— 156

重要点メモ!　1枚の書類に複数のインボイスを合わせて記載
　　　　する場合の端数処理 ────────────── 157
　　問　税抜きと税込みの商品がある場合のレシートの記載── 158
　(2)　一括値引きがある場合のレシートの表示 ──────── 160
　　問　10％（又は8％）対象の商品のみから値引きした場合 - 163
　(3)　相手方の求めに応じてインボイスを再交付する場合の
　　　「消費税額等」 ───────────────────── 166
　(4)　課税対象外の取引がある場合の記載方法 ───────── 166
　(5)　月の中途でインボイス発行事業者となった場合のインボ
　　　イスの交付方法 ──────────────────── 168
　　重要点メモ!　免税事業者等の交付する請求書等 ─────── 172
　(6)　外貨建取引におけるインボイスの記載事項 ──────── 172

2　返還インボイスの記載事項 ──────────────── 174
　(1)　返還インボイスの記載事項 ──────────────── 174
　(2)　販売先から交付された奨励金請求書 ───────────── 176
　(3)　インボイスと返還インボイスを一の書類で交付する場合
　　　の記載事項 ───────────────────────── 177

3　修正インボイスの記載事項 ──────────────── 179

V　インボイス制度下での税額計算等

1　税額計算の概要 ─────────────────────── 184
2　税額計算の選択又は併用の可否 ─────────────── 185
3　売上税額の計算における留意事項 ───────────── 187
　(1)　簡易インボイスによる積上げ計算 ──────────── 187

- (2) 売上税額を「積上げ計算」する場合の端数処理 ─── 187
- (3) インボイス等を交付できなかった場合における売上税額の積上げ計算 ─── 187
- (4) 仕入明細書を受領した場合における売上税額の積上げ計算 ─── 188
- (5) 媒介者交付特例における精算書による売上税額の積上げ計算 ─── 188
- (6) 委託販売等の手数料に係る売上税額の計算 ─── 189
- (7) インボイス記載の取引が課税期間をまたぐ場合の売上税額の計算 ─── 191

4 仕入税額の計算における留意事項 ─── 192

- (1) インボイスなどに記載された消費税額等による仕入税額の積上げ計算 ─── 192
- (2) 帳簿積上げ計算における「課税仕入れの都度」の意義 ─── 193
- (3) 仕入税額を「帳簿積上げ計算」する場合の端数処理 ─── 194
- (4) インボイス記載の取引が課税期間をまたぐ場合の仕入税額の計算 ─── 194
- (5) 免税事業者等から課税仕入れを行った場合の税額計算 ─── 195
- (6) 免税事業者が課税事業者となった場合等の棚卸資産に係る調整 ─── 197

VI インボイス発行事業者となる小規模事業者の税額計算（2割特例）

1 2割特例の概要 ─── 200
2 2割特例の適用ができない課税期間 ─── 200

問　登録日前に相続があった場合の「2割特例」の適用の
　　　　　可否————————————————203
　3　2割特例の適用対象期間————————————205
　4　2割特例の選択手続——————————————208
　　　重要点メモ!　営む事業によっては得にならない場合も————209
　　　問　誤って2割特例を適用した場合の更正の請求の可否——210
　5　簡易課税制度への移行措置————————————211

VII インボイス制度と特定収入による仕入税額の制限調整

　1　公共法人等に係る仕入控除税額の制限調整の概要—214
　2　免税事業者等からの課税仕入れに充てられた特定
　　　収入がある場合の調整——————————————216
　3　具体的な調整方法———————————————217

VIII インボイス発行事業者の登録制度

　1　登録手続の概要—————————————————222
　　　重要点メモ!　基準期間における課税売上高が1,000万円以下と
　　　　　なった場合の納税義務——————————————222
　2　登録申請書の提出期限——————————————223
　(1)　免税事業者が登録を受ける場合——————————223
　(2)　免税事業者が登録を受ける場合の経過措置——————224
　(3)　年の中途から登録を受けた場合の納税義務——————225

　　　　問　課税期間の途中から課税事業者となった場合の基準期
　　　　　　間の課税売上高————————————————————228
　　(4)　登録に関する経過措置の適用を受けた場合の簡易課税制
　　　　度の選択————————————————————————229
3　登録の拒否————————————————————————229
4　登録の効力————————————————————————231
　　重要点メモ!　登録日から登録の通知を受けるまでの間の取扱い—231
5　インボイス発行事業者の情報の公表————————————231
　　重要点メモ!　インボイス発行事業者の登録に当たっての検討事
　　　　　　項———————————————————————234
6　インボイス発行事業者の登録の取りやめ及び失効—234
　　重要点メモ!　インボイス発行事業者が免税事業者になるために
　　　　　　は————————————————————————237
7　インボイス発行事業者の登録の取消し————————237
8　新たに設立された法人等の登録時期の特例————239
　　(1)　新たに設立された法人が免税事業者の場合———————239
　　(2)　新たに設立された法人が課税事業者の場合———————240
9　相続があった場合の登録手続————————————————241
　　(1)　インボイス発行事業者が死亡した場合の届出———————241
　　(2)　死亡したインボイス発行事業者の登録の効力———————242
　　(3)　インボイス発行事業者でない者が事業を承継した場合——242
　　(4)　みなし登録期間の延長——————————————————244
　　(5)　みなし登録期間後の被相続人に係るインボイスの交付義
　　　　務の承継————————————————————————245
　　(6)　インボイス発行事業者でない事業者が死亡した場合——245

(7) 免税事業者である相続人が事業を承継した場合の棚卸資産の調整―――246

免税事業者等からの課税仕入れに係る経理処理

1 令和5年10月1日以後の経理処理―――248
2 簡易課税制度を適用している事業者の特例―――250
(1) 特例①（簡易課税制度適用事業者）―――250
(2) 特例②（原則の取扱いを先取りした者）―――251
3 インボイス制度導入前の金額で仮払消費税等を計上した場合の法人税の取扱い―――252
問(1) 経過措置期間終了後に免税事業者から減価償却資産を取得した場合―――253

問(2) 経過措置期間終了後に免税事業者から棚卸資産を取得した場合―――257

問(3) 経過措置期間終了後に免税事業者に経費等を支出した場合―――260

問(4) 経過措置期間中（令和5年10月～令和8年9月）に免税事業者から減価償却資産を取得した場合―――263

問(5) 経過措置期間中（令和8年10月～令和11年9月）に免税事業者から減価償却資産を取得した場合―――268

問(6) 経過措置期間中（令和8年10月～令和11年9月）に免税事業者から課税仕入れを行った場合の法人税法上の取扱いの特例―――273

凡　例

○　文中、文末引用の条文等の略称は、次のとおりです。

28年改正法…………所得税法等の一部を改正する法律（平成28年法律第15号）

改正令………………消費税法施行令等の一部を改正する政令（平成30年政令第135号）

30年改正法令………法人税法施行令等の一部を改正する政令（平成30年政令第132号）

消法…………………消費税法（昭和63年法律第108号）

消令…………………消費税法施行令（昭和63年政令第360号）

消規…………………消費税法施行規則（昭和63年大蔵省令第53号）

新消法………………所得税法等の一部を改正する法律（令和6年法律第8号）による改正後の消費税法

法法…………………法人税法（昭和40年法律第34号）

法令…………………法人税法施行令（昭和40年政令第97号）

法規…………………法人税法施行規則（昭和40年大蔵省令第12号）

電帳法………………電子計算機を使用して作成する国税関係帳簿書類の保存方法等の特例に関する法律（平成10年法律第25号）

電帳規………………電子計算機を使用して作成する国税関係帳簿書類の保存方法等の特例に関する法律施行規則（平成10年大蔵省令第43号）

消基通………………消費税法基本通達（平成7年12月25日付課消

	2−25ほか4課共同「消費税法基本通達の制定について」通達の別冊
消経理通達…………	平成元年3月1日付直法2−1「消費税法等の施行に伴う法人税の取扱いについて」（法令解釈通達）
旧消経理通達………	令和5年12月27日付課法2−37「『消費税法等の施行に伴う法人税の取扱いについて』等の一部改正について」（法令解釈通達）による改正前の消費税経理通達
令和3年2月経過的取扱い……	令和3年2月9日付課法2−6「『消費税法等の施行に伴う法人税の取扱いについて』の一部改正について」（法令解釈通達）経過的取扱い
旧令和3年2月経過的取扱い…	令和5年12月27日付課法2−37「『消費税法等の施行に伴う法人税の取扱いについて』等の一部改正について」（法令解釈通達）による改正前の令和3年2月経過的取扱い
令和5年12月経過的取扱い……	令和5年12月27日付課法2−37「『消費税法等の施行に伴う法人税の取扱いについて』等の一部改正について」（法令解釈通達）経過的取扱い

I
インボイス制度の概要

Ⅰ　インボイス制度の概要

1　インボイス制度とは

　令和元年10月1日に消費税及び地方消費税の税率が10％に引き上げられたことに伴い、低所得者に配慮する観点から8％の軽減税率制度が導入されました。これにより、これまで単一税率であった消費税は初めて複数税率となり、適正な課税を確保するための仕組みとして「適格請求書等保存方式」（以下**「インボイス制度」**といいます。）が、令和5年10月1日から導入されています。

　インボイス制度は、売手における適用税率と買手における適用税率の認識を一致させるため、売手には「登録番号」や「消費税額等」の必要な情報を記載した請求書等の交付を義務付けるとともに、買手には、仕入税額控除の適用を受けるためには、その請求書等の保存を求めることとしています。

　また、売手が、課税事業者として適正な請求書等を発行できる資格を有する事業者かどうかを確認できる仕組みが設けられています。

2　仕入税額控除の要件

　インボイス制度の下では、原則として、一定の事項を記載した「帳簿」及び適格請求書発行事業者（以下**「インボイス発行事業者」**といいます。）が交付する適格請求書（以下**「インボイス」**といいます。）などの「請求書等」の保存が仕入税額控除の要件となっています。

　ここで、インボイスとは、課税仕入れを行った者が仕入控除税額を適正に計算できるよう、「売手が買手に対し正確な適用税率や消費税額等を伝えるための手段」であり、法令で定められた事項が記載された請求書や納品書その他これらに類するものをいいます。

なお、その取引の性質上、請求書等の交付を受けることが困難な一定の取引については、一定の事項を記載した帳簿のみの保存で仕入税額控除が認められます（消法30⑦⑧⑨）。

3 免税事業者等からの仕入れに係る経過措置

インボイス制度の下では、インボイス発行事業者以外の者（消費者、免税事業者又は登録を受けていない課税事業者）からの課税仕入れについては、仕入税額控除のために保存が必要なインボイスの交付を受けることができないので、仕入税額控除を行うことができません（消法30⑦）。

しかし、激変緩和のため、インボイス制度開始から一定期間は、インボイス発行事業者以外の者からの課税仕入れであっても、仕入税額相当額の一定割合を仕入税額とみなして控除できる経過措置が設けられています（28年改正法附則52、53）。

この経過措置を適用できる期間等は、次のとおりです。

期　　間	割　　合
令和5年10月1日から令和8年9月30日まで	仕入税額相当額の80％
令和8年10月1日から令和11年9月30日まで	仕入税額相当額の50％

4 インボイス等の交付義務等

(1) インボイスの交付義務

事業者が課税仕入れについて仕入税額控除の適用を受けるためには、インボイスの保存が要件とされていますので、課税仕入れを行った事業者がインボイスの交付を受けることができるような制度となってい

I インボイス制度の概要

ます。

　すなわち、インボイス発行事業者には、国内において課税資産の譲渡等を行った場合に、相手方（課税事業者に限ります。）からインボイスの交付を求められたときは、インボイスを交付しなければならないことになっています（消法57の4①）。ただし、インボイス発行事業者が行う事業の性質上、インボイスを交付することが困難な一定の取引については、インボイスの交付義務が免除されています（消法57の4①ただし書、消令70の9②、消規26の6）。

　また、小売業、飲食店業、タクシー業といった事業や、これらに準ずる事業で不特定かつ多数の者に対して資産の譲渡等を行うものについては、「書類の交付を受ける事業者の氏名又は名称」の記載を不要とするなど、インボイスの記載事項を簡易なものとした適格簡易請求書（以下**「簡易インボイス」**といいます。）を交付することができることとされています（消法57の4②、消令70の11）。

(2) 返還インボイスの交付義務

　課税仕入れを行った事業者が仕入控除税額を適正に計算することができるよう、インボイス発行事業者には、取引の相手方である課税事業者に返品や値引き等の売上げに係る対価の返還等を行った場合、適格返還請求書（以下**「返還インボイス」**といいます。）の交付義務が課されています（消法57の4③）。

　なお、上記(1)のインボイスの交付義務が免除される取引や売上げに係る対価の返還等に係る税込価額が1万円未満である場合には、返還インボイスの交付義務が免除されています（消法57の4③ただし書、消令70の9③二）。

(3) 修正インボイスの交付義務

インボイス発行事業者は、交付したインボイスの記載事項に誤りがあったときは、買手である課税事業者に対して、修正した適格請求書（以下**「修正インボイス」**といいます。）を交付する義務があります（消法57の4④）。

このことは、簡易インボイス、返還インボイスの記載事項に誤りがあったときについても同様です。

(4) 電子インボイスの提供

インボイス発行事業者は、インボイス、簡易インボイス、返還インボイス又は修正インボイスの交付に代えて、これらの書類に記載すべき事項に係る電磁的記録（以下**「電子インボイス」**といいます。）を提供することができます（消法57の4⑤）。

(5) インボイス等の写し等の保存義務

インボイス発行事業者には、交付したインボイスの写し又は提供した電子インボイスの保存義務が課されています（消法57の4⑥）。

このインボイスの写しや電子インボイスについては、交付した日又は提供した日の属する課税期間の末日の翌日から2月を経過した日から7年間、納税地又はその取引に係る事務所、事業所その他これらに準ずるものの所在地に保存しなければなりません（消令70の13）。

簡易インボイス、返還インボイス及び修正インボイスについても同様です。

5　インボイス発行事業者の登録制度

　上記2のとおり、インボイス制度においては、仕入税額控除の適用を受けるためには、原則として、インボイス発行事業者から交付を受けたインボイスの保存が必要になります。

　インボイスを交付しようとする事業者は、納税地を所轄する税務署長に「適格請求書発行事業者の登録申請書」（以下**「登録申請書」**といいます。）を提出し、インボイス発行事業者として登録を受ける必要があり（登録を受けることができるのは、課税事業者に限られます。）、税務署長は、氏名又は名称及び登録番号等を「適格請求書発行事業者登録簿」に登載し、登録を行います（消法57の2①②④）。

　また、相手方から交付を受けた請求書等がインボイスに該当することを客観的に確認できるよう、インボイス発行事業者の情報については、「国税庁適格請求書発行事業者公表サイト」において公表されます。

Ⅱ
仕入税額控除の要件としてのインボイスと帳簿の保存等

Ⅱ 仕入税額控除の要件としてのインボイスと帳簿の保存等

1 仕入税額控除の適用要件

　インボイス制度の下では、原則として、一定の事項が記載された帳簿及び請求書等につき、課税期間の末日の翌日から2月を経過した日から7年間の保存が仕入税額控除の要件となります（消法30⑦⑬、消令50①）。

　ここで、保存すべき請求書等とは、次に掲げる書類及び電子データをいいます（消法30⑨）。

(イ)　インボイス

(ロ)　簡易インボイス

(ハ)　インボイス又は簡易インボイスの記載事項に係る電子データ

(ニ)　インボイスの記載事項が記載された仕入明細書、仕入計算書その他これに類する書類（課税仕入れの相手方において課税資産の譲渡等に該当するもので、相手方の確認を受けたものに限り、この書類に記載すべき事項に係る電子データを含みます。）

(ホ)　次の取引について、媒介又は取次ぎに係る業務を行う者が作成する一定の書類（この書類に記載すべき事項に係る電子データを含みます。）

・　卸売市場において出荷者から委託を受けて卸売の業務として行われる生鮮食料品等の販売

・　農業協同組合、漁業協同組合又は森林組合等が生産者（組合員等）から委託を受けて行う農林水産物の販売（無条件委託方式かつ共同計算方式によるものに限ります。）

(注)　上記の書類に係る電子データの提供を受けた場合の保存は、「電子データのまま」又は「紙に印刷して」のいずれの方法によることもできます。

なお、保存する際に講ずべき措置は、提供した電子インボイスを保存する場合と同様です。詳細はＰ117を参照してください。

また、簡易課税制度を選択している場合は、課税期間における課税標準額に対する消費税額に「みなし仕入率」を掛けて計算した金額が控除対象仕入税額となりますので、仕入税額控除のためのインボイスなどの請求書等の保存は必要ありません（消法37①）。

(1) 「インボイス」とは

インボイス発行事業者が、国内において課税資産の譲渡等を行った場合には、相手方（課税事業者に限ります。）からの求めに応じてインボイスを交付する義務が課されています（消法57の４①）。

また、標準税率の取引のみを行っている場合でもインボイスの交付義務があり、この場合、交付するインボイスに「８％対象０円」といった記載は不要で、軽減税率の取引のみを行っている場合も同様です。

なお、免税取引、非課税取引及び不課税取引のみを行った場合については、インボイスの交付義務は課されません。

また、インボイスの交付に代えて、電子インボイスを提供することができることとされています（消法57の４⑤）。

(2) 「簡易インボイス」とは

インボイス発行事業者が、小売業や飲食店業のように、不特定かつ多数の者に課税資産の譲渡等を行う次の事業を行う場合には、インボイスに代えて、簡易インボイスを交付することができます（消法57の４②、消令70の11）。

また、簡易インボイスについても、電子インボイスを提供すること

Ⅱ　仕入税額控除の要件としてのインボイスと帳簿の保存等

ができます（消法57の4⑤）。

⑶　「インボイス」及び「簡易インボイス」の記載事項

　「インボイス」とは、一定の事項が記載された請求書や納品書その他これらに類するものをいい、その様式は、法令等で定められているわけではありません。したがって、インボイスとして必要な事項が記載された書類（請求書、納品書、領収書、レシート等）であれば、その名称を問わず、また、手書きであっても、インボイスに該当します。

　また、「簡易インボイス」とは、不特定かつ多数の者に課税資産の譲渡等を行う事業を行っている場合で、インボイスに代えて交付することができるものであり、記載事項がインボイスよりも簡易なものとされています（消法57の4②、消令70の11）。すなわち、簡易インボイスの記載事項は、インボイスの記載事項と比べると、「書類の交付を受ける事業者の氏名又は名称」の記載が不要である点、「税率ごとに区分した消費税額等」又は「適用税率」のいずれか一方の記載で足りる点が異なります。もっとも、「税率ごとに区分した消費税額等」と「適用税率」の両方を記載しても構いません。

≪インボイス及び簡易インボイスの記載事項≫

インボイス	簡易インボイス
① インボイス発行事業者の氏名又は名称及び登録番号	①
② 課税資産の譲渡等を行った年月日	②
③ 課税資産の譲渡等に係る資産又は役務の内容（課税資産の譲渡等が軽減対象資産の譲渡等である場合には、資産の内容及び軽減対象資産の譲渡等である旨）	③ ｝ 同左
④ 課税資産の譲渡等の税抜価額又は税込価額を税率ごとに区分して合計した金額及び適用税率	④ 課税資産の譲渡等の税抜価額又は税込価額を税率ごとに区分して合計した金額
⑤ 税率ごとに区分した消費税額等	⑤ 税率ごとに区分した消費税額等又は適用税率
⑥ 書類の交付を受ける事業者の氏名又は名称	

(注)1 ①の登録番号、④（簡易インボイスは⑤）の適用税率及び⑤の税率ごとに区分した消費税額等が、区分記載請求書の記載事項に追加された事項です。
2 販売する商品が軽減税率の適用対象とならないもののみであれば、「軽減対象資産の譲渡等である旨」の記載は不要ですが、「適用税率（10％）」や「消費税額等」の記載は必要です。

(4) 「仕入明細書等」とは

　仕入明細書等とは、課税仕入れを行った者が作成する一定事項の記載のある書類で、課税仕入れの相手方（売手）の確認を受けたものをいいます。この仕入明細書等については、区分記載請求書等保存方式においても仕入税額控除の要件として保存すべき請求書等に該当することとされており、インボイス制度の下でも同様に、課税仕入れの相手方（売手）の確認を受けることを条件に、仕入税額控除の適用を受けるための請求書等に該当することとされています（消法30⑨三）。

Ⅱ　仕入税額控除の要件としてのインボイスと帳簿の保存等

⑸　「仕入明細書等」の記載事項

　インボイス制度における仕入明細書等の必要な記載事項は次のとおりであり（消令49④）、区分記載請求書等保存方式における仕入明細書の記載事項に加え、下記の②、⑤及び⑥の下線部分が追加されています。

≪仕入明細書等の記載事項≫
①　仕入明細書等の作成者の氏名又は名称
②　課税仕入れの相手方の氏名又は名称及び**登録番号**
③　課税仕入れを行った年月日
④　課税仕入れに係る資産又は役務の内容（課税仕入れが他の者から受けた軽減対象資産の譲渡等に係るものである場合には、資産の内容及び軽減対象資産の譲渡等に係るものである旨）
⑤　税率ごとに合計した課税仕入れに係る支払対価の額及び**適用税率**
⑥　**税率ごとに区分した消費税額等**
(注)1　②の登録番号については、交付先である課税仕入れの相手方（売手）のものとなる点に注意が必要です。
　　2　⑤の「税率ごとに合計した課税仕入れに係る支払対価の額」については税込金額となりますが、税率ごとに区分した仕入金額の税抜きの合計額及び税率ごとに区分した消費税額等を記載することで、その記載があるものとして取り扱われます。
　　3　インボイスと同様、これらの記載事項に係る電子データの提供によることや、相互の関連が明確な複数の書類等で記載事項を満たすこともできます。

(6) 仕入明細書等の相手方への確認方法

上記(4)のとおり、仕入税額控除の適用を受けるための請求書等に該当する仕入明細書等は、相手方の確認を受けたものに限られます。この相手方の確認を受ける方法としては、例えば、次のような方法があります（消基通11－6－6）。

① 仕入明細書等の記載内容を、通信回線等を通じて相手方の端末機に出力し、確認の通信を受けた上で、自己の端末機から出力したもの

② 仕入明細書等に記載すべき事項に係る電子データにつきインターネットや電子メールなどを通じて課税仕入れの相手方へ提供し、相手方から確認の通知等を受けたもの

③ 仕入明細書等の写しを相手方に交付し、又は仕入明細書等の記載内容に係る電子データを相手方に提供した後、一定期間内に誤りのある旨の連絡がない場合には記載内容のとおり確認があったものとする基本契約等を締結した場合におけるその一定期間を経たもの

> **重要点メモ！**
>
> ### 確認方法③の具体的な方法
>
> 次のような方法で、仕入明細書等の記載事項が相手方に示され、その内容が確認されている実態にあることが明らかであれば、相手方の確認を受けたものとなります。
> イ 仕入明細書等に「送付後一定期間内に誤りのある旨の連絡がない場合には記載内容のとおり確認があったものとする」旨の通知文書等を添付して相手方に送付し、又は提供し、了承を得る。
> ロ 仕入明細書等又は仕入明細書等の記載内容に係る電子データに「送付後一定期間内に誤りのある旨の連絡がない場合には記載内容のとおり確認があったものとする」といった文言を記載し、又は記録し、相手方の了承を得る。
> (注) この場合の「一定期間」については、具体的な日数等を表示する必要はありませんが、課税仕入れの相手方の確認を受けることが要件となっていますので、取引先との認識を共有しておくことが求められます。

Ⅱ　仕入税額控除の要件としてのインボイスと帳簿の保存等

≪仕入明細書の記載例≫

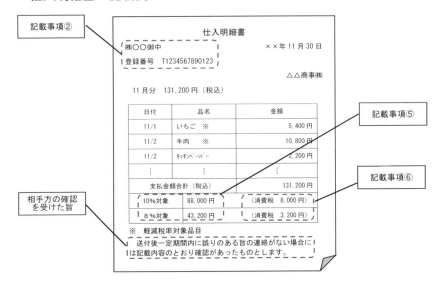

⑺　家事共用資産を取得した場合の仕入税額控除

　個人事業者が資産を購入した場合に、その資産のうちに家事消費又は家事使用に係る部分があるときは、その部分は、個人事業者が事業として購入したものではなく、消費者の立場で購入したものですから、課税仕入れには該当せず、個人事業者が事業として消費し、又は使用する部分のみが課税仕入れに該当することとなります。

　このため、交付を受けたインボイス等に記載された消費税額等のうち、事業の用に消費し、又は使用する部分の金額が仕入税額控除の対象となります。この場合の「事業の用に消費し、又は使用する部分の金額」は、その資産の消費又は使用の実態に基づく使用率、使用面積割合等の合理的な基準により計算します（消基通11－1－4）。

　例えば、個人事業者が店舗併設住宅を購入した場合には、店舗部分（事業用）のみが課税仕入れに該当して仕入税額控除の対象となります。この場合の合理的な基準としては、床面積によることが考えられ

ます。

(8) 輸入に係る消費税の仕入税額控除

　輸入の際に税関で支払った消費税について仕入税額控除の適用を受けるためには、これまでどおり輸入許可通知書等を保存することとなります（消法30⑨五）。

2　帳簿の記載事項

　消費税等の税率は、標準税率（10％）と軽減税率（8％）の複数税率となっていますので、消費税等の申告等を行うためには、取引等を税率ごとに区分して記帳するなどの経理（区分経理）を行う必要があります。

　仕入税額控除の適用のために必要となる帳簿の記載事項は次のとおりであり（消法30⑧）、これらの記載事項は、インボイス制度前の区分記載請求書等保存方式からの変更はありません。

① 課税仕入れの相手方の氏名又は名称
② 課税仕入れを行った年月日
③ 課税仕入れに係る資産又は役務の内容（軽減対象資産の譲渡等に係るものである旨）
④ 課税仕入れに係る支払対価の額

Ⅱ 仕入税額控除の要件としてのインボイスと帳簿の保存等

≪帳簿の記載例≫

総勘定元帳（仕入）				(税込経理)
取引日 ××年 月　　日	摘要		税区分	金額（借方） （円）
11　　30	△△商事㈱	11月分　日用品	10%	88,000
11　　30	△△商事㈱	11月分　食料品	8%	43,200
：　②　：	：　①　：	：　　　　③　：	：	：　④

重要点メモ！

帳簿記帳の留意事項

○ 「課税仕入れの相手方の氏名又は名称」については、課税仕入れの相手方が特定できる場合、屋号や省略した名称などの記載、また、取引先コード等の記号・番号等による表示で構いません。

○ 「課税仕入れに係る資産又は役務の内容」の記載は、請求書等に記載されている取引内容をそのまま記載する必要はありません。上記≪帳簿の記載例≫のように商品の一般的総称でまとめて記載するなど、申告時に請求書等を個々に確認することなく、軽減税率の対象となるものか、それ以外のものであるかを明確にし、帳簿に基づいて、税率ごとに仕入控除税額を計算できる程度の記載で構いません。

　また、商品コード等の記号・番号等による表示でも構いませんが、この場合も、課税資産の譲渡等であるか、また、軽減対象資産の譲渡等に係るものであるときは、軽減対象資産の譲渡等に係るものであるかの判別が明らかとなるものである必要があります。

○ 「軽減対象資産の譲渡等に係るものである旨」については、上記≪帳簿の記載例≫のような税区分欄を設けずに、軽減税率対象品目に「※」や「☆」等の記号を記載し、その記号が軽減税率対象品目を示すことを欄外などに記載して明らかにする方法もあります。

3　交付を受けたインボイスに誤りがあった場合の対応

　交付を受けたインボイスに誤りがあった場合には、それを訂正する必要がありますが、その方法として次の3つがあります。

(1) 修正インボイスの交付を受ける方法

インボイス発行事業者は、交付したインボイスの記載事項に誤りがあったときは、買手である課税事業者に対して、修正インボイスを交付することが義務付けられています（消法57の4④）。この点、インボイスは買手である課税事業者の求めがあったときに交付義務が生じますが、修正インボイスは買手の求めの有無にかかわらず、当初交付したインボイスに誤り等があったときは必ず交付しなければなりません。

したがって、課税仕入れを行った課税事業者においては、交付を受けたインボイス又は簡易インボイスの記載事項に誤りがあったときは、課税仕入れの相手方であるインボイス発行事業者に対して修正したインボイス等の交付を求め、その交付を受けることにより、修正したインボイス等を保存しなければならず、単に買手自らが修正や追記したものを保存していたとしても、仕入税額控除の要件を満たすことにはなりません。

(2) 仕入明細書等により修正等する方法

インボイスは、売手が作成して課税事業者である買手に交付するものですが、課税仕入れを行う買手が作成して売手の確認を受けた仕入明細書等を保存することにより、仕入税額控除の要件を満たすことができます（消法30⑦、⑨三）。

交付を受けたインボイスの記載事項に誤り等があったときは、この仕入明細書等により修正することができます。すなわち、買手においてインボイスの記載事項の誤り等を修正した仕入明細書等を作成し、売手である仕入先の確認を受けた上で、その仕入明細書等を保存する方法によることもできます。この場合には、売手である仕入先は、改

Ⅱ 仕入税額控除の要件としてのインボイスと帳簿の保存等

めて修正インボイスを交付する必要はなくなります。

(3) 買手が修正して売手の確認を受ける方法

　さらに簡便な方法として、交付を受けたインボイスに買手が修正等を加え、その修正等した事項について取引先に確認を受けることで、その書類はインボイスであると同時に修正等した事項を明示した仕入明細書等にも該当することとなりますので、その書類を保存することで、仕入税額控除の適用を受けることができます。

　なお、この場合でも、仕入先である売手においては、当初交付したインボイスの写しと確認を行った仕入明細書等を保存する必要があります。

【インボイスを修正し、インボイス及び仕入明細書等とする例】

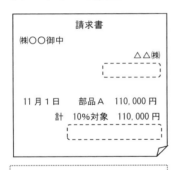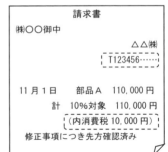

4 適格請求書発行事業者公表サイトの検索結果とレシート表記が異なる場合

インボイス、簡易インボイス又は返還インボイス(以下「**インボイス等**」といいます。)に記載する氏名・名称については、電話番号等によりインボイスを交付する事業者を特定することができれば、屋号や省略した名称などの記載でよいこととされています(消基通1－8－3)。

したがって、その氏名・名称の代わりに屋号が記載されたインボイス等を受領した事業者においては、「国税庁適格請求書発行事業者公表サイト」でそのインボイス等に記載された登録番号を基にして検索したとしても、その結果として表示された事業者がそのインボイス等に記載された屋号の事業者と同一であるか明らかとならないことも考えられます。

この点、公表サイトは、取引先から受領した請求書等に記載されている登録番号が取引時点において有効なものかを確認するために利用されるものであるため、その登録番号の有効性が確認できれば、一義的には有効なインボイス等として取り扱って構いません。

5 仕入明細書において対価の返還等について記載する場合

インボイス発行事業者には、課税事業者に返品や値引き等の売上げに係る対価の返還等を行う場合、返還インボイスの交付義務が課されています(消法57の4③)。

仕入れた商品等につき返品等があった場合に、買手が売手に交付し

Ⅱ 仕入税額控除の要件としてのインボイスと帳簿の保存等

　確認を受ける仕入明細書に、仕入明細書として記載すべき事項の他に、その返品等に関して売手が返還インボイスに記載すべき事項を併せて記載したときであっても、買手はその仕入明細書を保存することで仕入税額控除の適用を受けることもできます（この場合、売手は改めて返還インボイスを交付する必要はありません。）。

　なお、仕入明細書に返還インボイスとして必要な事項を合わせて記載する場合に、事業者ごとに継続して、「課税仕入れに係る支払対価の額から売上げに係る対価の返還等の金額を控除した金額」及び「その金額に基づき計算した消費税額等」を税率ごとに仕入明細書に記載することで、仕入明細書に記載すべき「税率ごとに合計した課税仕入れに係る支払対価の額」及び「税率ごとに区分した消費税額等」と返還インボイスに記載すべき「売上げに係る対価の返還等の税抜価額又は税込価額を税率ごとに区分して合計した金額」及び「売上げに係る対価の返還等の金額に係る税率ごとに区分した消費税額等」の記載を満たすこともできます。

≪記載例≫

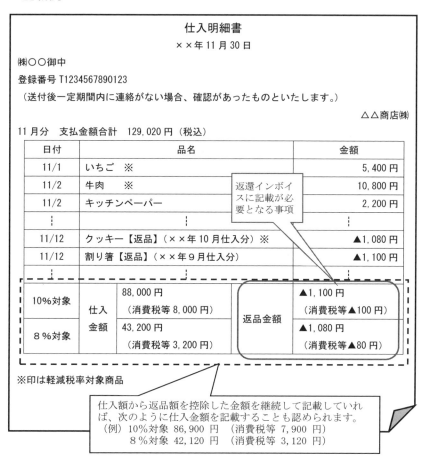

6 インボイスと仕入明細書を一の書類で交付する場合

　買手が課税仕入れを行うとともに、その相手方に対して課税資産の譲渡等を行う場合には、行った課税仕入れについては相手方からインボイスの交付を受けて仕入税額控除を行うこととなりますが（消法30⑦）、行った課税資産の譲渡等については、相手方（課税事業者）か

Ⅱ 仕入税額控除の要件としてのインボイスと帳簿の保存等

らの求めに応じて、インボイスを交付する必要があります（消法57の4①）。

この点、買手は、行った課税仕入れにつき仕入明細書を作成して相手方の確認を受けて仕入税額控除を適用する場合、その仕入明細書に買手が行った課税資産の譲渡等に係るインボイスの記載事項を記載して相手方に交付することもできます。

≪記載例≫

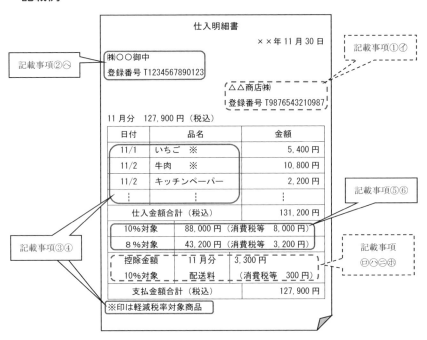

【参考】

仕入明細書の記載事項	インボイスの記載事項
① 仕入明細書の作成者の氏名又は名称	イ インボイス発行事業者の氏名又は名称及び登録番号
② 課税仕入れの相手方の氏名又は名称及び登録番号	ロ 課税資産の譲渡等を行った年月日
③ 課税仕入れを行った年月日	ハ 課税資産の譲渡等に係る資産又は役務の内容（課税資産の譲渡等が軽減対象資産の譲渡等である場合には、資産の内容及び軽減対象資産の譲渡等である旨）
④ 課税仕入れに係る資産又は役務の内容（課税仕入れが他の者から受けた軽減対象資産の譲渡等に係るものである場合には、資産の内容及び軽減対象資産の譲渡等に係るものである旨）	
⑤ 税率ごとに合計した課税仕入れに係る支払対価の額及び適用税率	ニ 課税資産の譲渡等の税抜価額又は税込価額を税率ごとに区分して合計した金額及び適用税率
⑥ 税率ごとに区分した消費税額等	ホ 税率ごとに区分した消費税額等
	ヘ 書類の交付を受ける事業者の氏名又は名称

7　保存すべきインボイスの置き換え

(1)　取引先に経費を立て替えてもらった場合

《参考図》

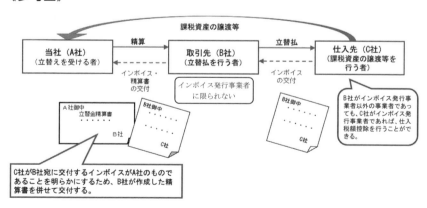

仕入税額控除の適用を受けるためには、課税資産の譲渡等を行った

Ⅱ　仕入税額控除の要件としてのインボイスと帳簿の保存等

者から交付されたインボイスを保存するのが原則ですが、立替払のように、他者が介在していて直接インボイスの交付を受けることができない場合があります。

　上記の《参考図》は、Ａ社の課税仕入れについて取引先であるＢ社が立替払をしているケースですが、この場合、課税資産の譲渡等を行ったＣ社からは、Ｂ社に対してＢ社宛のインボイスが交付されます。しかし、Ｃ社から立替払をしたＢ社宛に交付されたインボイスをＡ社がＢ社からそのまま受領したとしても、これをもって、Ｃ社からＡ社に交付されたインボイスとすることはできません。

　このような場合、Ａ社は次のような対応をすることにより、Ｃ社からの課税仕入れに係る請求書等の保存要件を満たすこととなります（消基通11－6－2）。

①　立替払を行ったＢ社から立替金精算書等の交付を受けるなどにより、経費の支払先であるＣ社から行った課税仕入れがＡ社のものであることを明らかにする。

②　Ｂ社宛のインボイスとその立替金精算書等の書類を保存する。

　なお、この場合、立替払を行うＢ社がインボイス発行事業者以外の事業者であっても、Ｃ社がインボイス発行事業者であれば、仕入税額控除を行うことができます。

　また、立替払の内容が、請求書等の交付を受けることが困難であるなどの理由により、一定の事項を記載した帳簿のみの保存で仕入税額控除が認められる課税仕入れに該当することが確認できた場合、Ａ社は、一定の事項を記載した帳簿を保存することにより仕入税額控除を行うことができます。この場合、インボイスと立替金精算書等の保存は不要となります。

≪複数者分の経費を一括して立替払している場合≫

問

　立替を受ける者が多数の場合には、すべての者に対してインボイスのコピーと立替金精算書の交付がされなければならないのですか。
　また、立替金精算書を作成するに当たって、気を付けなければならないことはありますか。

(答)

　Ｐ23の《参考図》を基に解説します。

ⅰ　複数者分の経費を一括して立替払している場合の保存書類

　Ａ社を含む複数者分の経費を一括してＢ社が立替払している場合、原則として、Ｂ社はＣ社から受領したインボイスをコピーし、経費の支払先であるＣ社から行った課税仕入れがＡ社又は他の各社のものであることを明らかにするために、Ｂ社が作成した精算書を添えるなどし、Ａ社を含む立替えを受けた者に交付する必要があります。

　しかしながら、立替えを受けた者に交付するインボイスのコピーが大量となるなどの事情により、立替払を行ったＢ社が、コピーを交付することが困難なときは、Ｂ社がＣ社等から交付を受けたインボイスを保存し、Ａ社等には立替金精算書を交付することにより、Ａ社等はＢ社が作成した（立替えを受けた者の負担額が記載されている）立替金精算書の保存をもって、仕入税額控除を行うことができます。

　この場合、Ａ社を含む複数者の課税仕入れがインボイス発行事業者から受けたものかどうかをＡ社等が確認できるための措置を講じる必要があります。この措置としては、例えば、その精算書等に各事業者の課税仕入れに係る相手方の氏名又は名称及び登録番号を記載する方法のほか、これらの事項について各事業者へ別途書面等により通知する方法又は立替払に関する基本契約書等で明らかにする方法がありま

Ⅱ 仕入税額控除の要件としてのインボイスと帳簿の保存等

す（消基通11－6－2㊟2）。

ⅱ 立替金精算書の記載事項等

　立替払いを受けたＡ社等は、立替金精算書の保存をもってインボイスの保存があるものとして取り扱われるため、立替払を行った取引先のＢ社は、その立替金が仕入税額控除可能なものか（すなわち、インボイス発行事業者からの仕入れか、インボイス発行事業者以外の者からの仕入れか）を明らかにし、また、適用税率ごとに区分するなど、Ａ社等が仕入税額控除を受けるに当たっての必要な事項を立替金精算書に記載しなければなりません。

　したがって、立替金精算書に記載する「消費税額等」については、課税仕入れの相手方であるＣ社等から交付を受けたインボイスに記載された消費税額等を基礎として、立替払いを受ける者の負担割合を掛けてあん分した金額によるなど、合理的な方法で計算した「消費税額等」を記載する必要があります。また、立替金精算書に記載する複数の事業者ごとの消費税額等の合計額がインボイスに記載された「消費税額等」と一致しないことも生じますが、この消費税額等が合理的な方法により計算されたものである限り、この立替金精算書により仕入税額控除を行うこととして構いません。

　なお、仕入税額控除の要件として保存が必要な帳簿には、課税仕入れの相手方の氏名又は名称の記載が必要であるほか、その仕入れ（経費）がインボイス発行事業者から受けたものか否かを確認できるよう、立替払を行ったＢ社とＡ社等の間で、課税仕入れの相手方の氏名又は名称及び登録番号を確認できるようにしておく必要があります。

　ただし、これらの事項について、別途、書面等で通知する場合のほか、継続的な取引に係る契約書等で、別途明らかにされているなどの

場合には、精算書において明らかにしていなくても構いません。

【立替金精算書の記載例】

ⅲ　仕入明細書等を保存する方法

　買手が作成した一定の事項の記載がある仕入明細書等の書類で、売手であるインボイス発行事業者の確認を受けたものも請求書等に該当しますので、Ｂ社からＢ社宛のインボイスを受領し、Ａ社において立替金精算書の内容を記載した書類等（明細書）を作成してＢ社宛に交付し、その内容の確認を受けることで、Ａ社は、その明細書及びＢ社宛のインボイスの保存をもって、仕入税額控除を行うことができます。

　なお、このような対応であっても、立替払を受ける者が多数いるなどの事情によりＢ社宛のインボイスの交付を受けられなかった場合は、そのＢ社宛のインボイスの保存は不要（その明細書のみの保存）で、仕入税額控除を行うことができます。

　また、受領したＢ社宛のインボイスについて、宛名部分等を修正し、その修正した事項についてＢ社の確認を受けることで、その書類はインボイスであるのと同時に修正した事項を明示した仕入明細書等にも該当することから、その書類を保存することで、仕入税額控除の適用を受けることができます。

Ⅱ 仕入税額控除の要件としてのインボイスと帳簿の保存等

ⅳ 一つの事務所を共同で借りている場合

　例えば、複数の事業者が一つの事務所を共同で借り受け、複数の事業者が個々に支払うべき賃料を一人の事業者が立替払を行っているようなケースでも、この取扱いによることができます。

(2) 従業員が立替払をした場合

　従業員が事業に必要なものとして購入した消耗品等の代金を会社が負担する場合には、それは会社が負担すべき費用（会社の課税仕入れ）を従業員が立替払をしたことになります。

　ところで、この場合に受領する簡易インボイスの宛名には「従業員名」が記載されていることがあります。原則として、本来宛名を記載する必要のない簡易インボイスであったとしても、書類の交付を受ける事業者の氏名又は名称として仕入税額控除を行う事業者以外の者の氏名又は名称が記載されている場合には、その簡易インボイスをそのまま受領し保存したとしても、これをもって、仕入税額控除を行うことはできません。

　しかしながら、その従業員が会社に所属していることが明らかとなる名簿やその名簿の記載事項に係る電子データ（以下「従業員名簿等」といいます。）の保存が併せて行われているのであれば、宛名に従業員名が記載された簡易インボイスと、その従業員名簿等の保存をもって、会社はその消耗品費に係る請求書等の保存要件を満たすものとして、仕入税額控除を行うことができます。

　なお、従業員名簿等がない場合であっても、宛名に従業員名が記載された簡易インボイスと、従業員が作成した立替金精算書を併せて保存すれば、その課税仕入れが会社のものであることが明らかになりますので、仕入税額控除を行うことができます。

Ⅱ 仕入税額控除の要件としてのインボイスと帳簿の保存等

≪セミナー等の参加費に係る請求書等の保存≫

問

　当社では、所属する協会が主催するセミナーに、参加費を支払って従業員等を参加させています。この支払った参加費について、仕入税額控除の適用を受けるためには、どのような書類を保存すればよいでしょうか。

(答)

i　協会から簡易インボイスが交付される場合

　協会が会員（参加者）に対しセミナーという役務の提供を行ったものとしている場合には、セミナーの参加者から受領した金額を課税売上げとして計上することになります。

　この場合、協会には参加者からの求めに応じて簡易インボイスを交付する義務が生じますので、参加者から代金を受領する際には、簡易インボイスの記載事項を満たしたインボイスが交付されるものと考えられます。

　したがって、参加者である貴社においては、交付を受けた簡易インボイス（領収書）を保存することにより仕入税額控除の適用を受けることができます。

(注)　インボイス発行事業者が、不特定かつ多数の者に課税資産の譲渡等を行う一定の事業を行う場合には、インボイスに代えて、記載事項を簡易なものとした簡易インボイスを交付することができます（消法57の4②、消令70の11）。

　　ご質問のセミナーについては、その参加者が協会の会員に限られ、一定の対象者に対して行うものではありますが、相手方を一意に特定したうえで開催されるものではなく、また、対象者も多数に上るものであることから、簡易インボイスの交付を行うことができる事

業に該当すると考えられます。

ⅱ 協会から立替金精算書が交付される場合

　協会と会員（参加者）との間での契約などにより、セミナー参加に当たって負担する金額が、講演料の一部負担金（立替払）であることが明らかであり、かつ、講演料の総額を超える対価を受領することがないなどの場合には、その協会においては預り金として処理されている場合が多いものと考えられます。

　また、その場合、参加者が負担した金額は、講演を受けるという役務提供の対価として課税仕入れに該当し、協会から交付を受けた講演料に係るインボイスのコピーと立替金精算書を保存することにより仕入税額控除の適用を受けることができます。

　さらに、協会においては、インボイスのコピーが大量となるなどの事情により、コピーを交付することが困難なときは、協会がインボイスを保存し、参加者には協会から立替金精算書が交付されると考えられますので、その立替金精算書のみの保存をもって、仕入税額控除の適用を受けることができます（消基通11－6－2）。

Ⅱ 仕入税額控除の要件としてのインボイスと帳簿の保存等

【協会が作成する立替金精算書の記載例】

　この場合の立替金精算書は、インボイスの交付対象（講演料）に係るものであるため、本来は宛名（セミナー参加者の氏名又は名称）や消費税額等及び適用税率の記載が必要となりますが、簡易インボイスの交付が可能な事業における立替金精算書については、インボイスが立替者（協会）において保存されることをもって、簡易インボイスと同様に記載事項を省略する（宛名不要、消費税額等又は適用税率のいずれかを記載）ことができます。

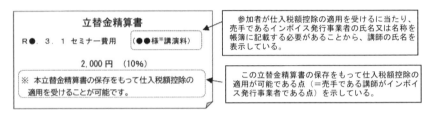

㊟　立替金精算書による対応は、協会がインボイス発行事業者であるかどうかは問いませんが、協会と講師の双方がインボイス発行事業者である場合には、媒介者交付特例を適用し、協会の名称及び登録番号を記載して、簡易インボイスを交付することもできます（消法57の4⑦、消令70の12）。

(3) 口座振替・口座振込による家賃の支払

《参考図》

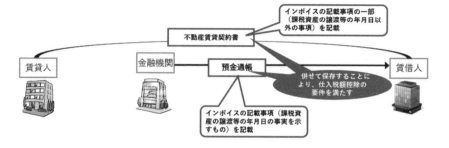

　不動産賃貸契約に基づき事務所を賃貸借している場合には、契約書に基づき代金決済（口座振替又は口座振込）が行われ、取引の都度、請求書や領収書が交付されない取引が一般的です。このような場合であっても、仕入税額控除の適用を受けるためには、原則として、インボイスの保存が必要です。この点、インボイスは、一定期間の取引をまとめて交付することもできますので、相手方（賃貸人）に一定期間の賃借料についてのインボイスの交付を依頼し、これを保存することによる対応も考えられます。

　ところで、インボイスとして必要な記載事項は、一の書類だけで全てが記載されている必要はなく、複数の書類で記載事項を満たせば、それらの書類全体でインボイスの記載事項を満たすことになりますので（消基通1－8－1）、契約書にインボイスとして必要な記載事項の一部が記載されており、実際に取引を行った事実を客観的に示す書類とともに保存しておけば、仕入税額控除の要件を満たすこととなります。

Ⅱ 仕入税額控除の要件としてのインボイスと帳簿の保存等

ⅰ 口座振替により支払っている場合

　口座振替により家賃を支払っている場合には、インボイスの記載事項の一部（例えば、課税資産の譲渡等の年月日以外の事項）が記載された契約書とともに通帳（課税資産の譲渡等の年月日の事実を示すもの）を併せて保存することにより、仕入税額控除の要件を満たすこととなります。

ⅱ 口座振込により支払っている場合

　口座振込により家賃を支払っている場合も、インボイスの記載事項の一部が記載された契約書とともに、銀行が発行した振込金受取書を保存することにより、請求書等の保存があるものとして、仕入税額控除の要件を満たすこととなります。

　なお、このように取引の都度、請求書等が交付されない取引について、取引の中途で取引の相手方（賃貸人）がインボイス発行事業者でなくなる場合も想定されますが、その旨の連絡がない場合には、賃借人においてその事実を把握することは困難となります（インボイス発行事業者以外の者に支払う取引対価の額については、原則として、仕入税額控除を行うことはできません。）。そのため、必要に応じ、「国税庁適格請求書発行事業者公表サイト」で相手方（賃貸人）がインボイス発行事業者か否かを確認することが必要となります。

≪契約書にインボイスに必要な記載事項が不足している場合≫

問

当社は賃借している事務所の賃料を口座振込で支払っています。仕入税額控除の適用を受けるためには、インボイスの記載事項の一部が記載された契約書と振込金受取書を保存すればよいとのことですが、この契約書には、登録番号、適用税率及び消費税額等の記載がありません。このような場合には、新たに契約書を作成する必要があるのでしょうか。

(答)

既存の賃貸借契約書には、登録番号のほか、適用税率や消費税額等のインボイスとして必要な事項の記載が不足している場合が多いようです。このような場合には、新たに契約書を作成しなくとも、別途、登録番号等の記載が不足していた事項の通知書の交付を相手方（賃貸人）に依頼し、既存の契約書とともに保存していれば仕入税額控除の要件を満たすこととなりますので、次の記載例を参考に対応してください。

なお、例えば、賃貸人のホームページで「登録番号」が公表されていたとしても、取引の相手方に交付又は提供したとはいえませんので、これをもって仕入税額控除することは認められません。

Ⅱ　仕入税額控除の要件としてのインボイスと帳簿の保存等

≪記載例≫

2024年●月●日

□□株式会社　御中

適格請求書発行事業者登録番号の通知書

　インボイス制度の導入に伴い、当方の適格請求書発行事業者登録番号を通知します。

適格請求書発行事業者登録番号：T0-1234-5678-9012

　上記登録番号は、国税庁WEBサイトの「適格請求書発行事業者公表サイト」にて、ご確認いただくことができます。

◆　適格請求書発行事業者公表サイト
　　https://www.invoice-kohyo.nta.go.jp/index.html

　なお、御社との賃貸借契約に係る賃料は月額300,000円（税抜）、適用税率は10％、消費税額等は30,000円となっています。また、仕入税額控除の適用を受けるためには、この通知書と通帳（振込金受取書）の保存が必要となります。

東京都新宿区・・・・・・・・
〇〇　〇〇

重要点メモ！

契約書だけでインボイスにすることができない理由

　一般に取引の当事者間で締結される「契約書」は、取引に先立って作成されるものであり、契約書において契約年月日や契約期間等の記載があったとしても、インボイスの記載事項である「課税資産の譲渡等を行った年月日」が記載された書類とはいえないため、それ自体では、インボイスには該当しないこととなります。
　そのため、課税仕入れを行う事業者は、課税仕入れの事実を証する他の書類（例えば、銀行振込による代金決済を行った場合の振込依頼書や通帳

などの課税仕入れに係る対価の支払の事実を証する書類）を契約書と合わせて保存することにより、インボイスに記載される事項が補完されるものとして、請求書等の保存があるものと取り扱われます。

(4) 共同事業として経費を支払った場合

　任意組合の共同事業として課税仕入れを行った場合に、幹事会社が課税仕入れの名義人となっている等の事由により、各構成員の持分に応じたインボイスの交付を受けることができない場合があります。このような場合には、幹事会社が仕入先から交付を受けたインボイスのコピーに、各構成員の出資金等の割合に応じた課税仕入れに係る対価の額の配分内容を記載したものは、各構成員における仕入税額控除のために保存が必要な請求書等に該当するものとして取り扱われますので、その保存をもって、仕入税額控除のための請求書等の保存要件を満たすことになります。

　また、任意組合の構成員に交付するインボイスのコピーが大量となる等の事情により、立替払を行った幹事会社がコピーを交付することが困難な場合に、幹事会社が仕入先から交付を受けたインボイスを保存し、構成員に精算書を交付したときは、その精算書の保存をもって、仕入税額控除のための請求書等の保存要件を満たすこともできます（消基通11－6－2）。

　この場合、幹事会社は、精算書に記載されている仕入れ（経費）について、仕入税額控除が可能なものか（すなわち、インボイス発行事業者からの仕入れか、インボイス発行事業者以外の者からの仕入れか）を明らかにし、また、適用税率ごとに区分するなど、各構成員が仕入税額控除を受けるに当たっての必要な事項を記載しておく必要があります。

　なお、仕入税額控除の要件として保存が必要な帳簿には、課税仕入

れの相手方の氏名又は名称の記載が必要となりますが、各構成員においてはインボイスのコピーを保存しないことになりますから、その仕入れ（経費）がインボイス発行事業者から受けたものか否かを確認できなくなるため、幹事会社と構成員の間で、課税仕入れの相手方の氏名又は名称及び登録番号を確認できるようにしておく必要があります。

ただし、これらの事項について、別途、書面等で通知する場合のほか、継続的な取引に係る契約書等で、別途明らかにされている等の場合には、精算書において明らかにしていなくても問題ありません。

8　インボイスの簡便な保存方法

仕入税額控除の適用を受けるためには、その取引に係る全てのインボイスを保存することが原則ですが、一定の要件を満たす場合には、次に掲げるような簡便な保存方法が認められています。

(1)　ECサイト内にある電子インボイスの保存方法

継続的に行われる課税仕入れについて、仕入先からは書面でのインボイスは交付されず、仕入先が指定したホームページ上の「マイページ」等にログインし、契約ごとに電子データ（電子インボイス）をダウンロードする場合が多々あります。

このような場合に、仕入税額控除を行うためにこれらの電子データを毎月ダウンロードするとした場合には事務が煩雑となります。そこで、そのマイページ内のインボイスに関する電子データが、7年間は検索可能で確認が随時可能な状態になっている場合には、必ずしもその電子データをダウンロードせずとも、その保存があるものとして仕入税額控除の適用を受けることができます。

(2) 高速道路利用料金をクレジットカードで精算する場合

　クレジットカード会社から交付を受けるクレジットカード利用明細書は、そのカード利用者である事業者に対して課税資産の譲渡等を行った他の事業者が作成及び交付する書類ではなく、また、課税資産の譲渡等の内容や適用税率など、インボイスの記載事項も満たしませんので、一般的にインボイスには該当しません。

　そのため、高速道路の利用について、有料道路自動料金収受システム（ETCシステム）により料金を支払い、ETCクレジットカード（クレジットカード会社がETCシステムの利用のために交付するカードをいい、高速道路会社が発行するETCコーポレートカード及びETCパーソナルカードを除きます。）で精算を行った場合に、支払った料金に係る仕入税額控除の適用を受けるには、原則として、高速道路会社が運営するホームページ（ETC利用照会サービス）から通行料金確定後、簡易インボイスの記載事項に係る電子データ（以下「利用証明書」といいます。様式はP41を参照。）をダウンロードし、それを保存する必要があります。

　他方、高速道路の利用が多頻度にわたるなどの事情により、全ての高速道路の利用に係る利用証明書の保存が困難なときは、クレジットカード会社から受領するクレジットカード利用明細書（個々の高速道路の利用に係る内容が判明するものに限ります。また、取引年月日や取引の内容、課税資産の譲渡等に係る対価の額が分かる利用明細データ等を含みます。）と、利用した高速道路会社及び地方道路公社など（以下「高速道路会社等」といいます。）の任意の一取引（複数の高速道路会社等の利用がある場合には、高速道路会社等ごとに任意の一取引）に係る利用証明書をダウンロードし、併せて保存することで、仕入税額控除を行うことができます。

Ⅱ　仕入税額控除の要件としてのインボイスと帳簿の保存等

(注)1　利用証明書については、クレジットカード利用明細書の受領ごとに（毎月）取得・保存する必要はなく、高速道路会社等がインボイス発行事業者の登録を取りやめないことを前提に、利用した高速道路会社等ごとに任意の一取引に係る簡易インボイスの記載事項を満たした利用証明書を一回のみ取得・保存することで構いません。また、例えば、Ａ高速道路会社からＢ高速道路会社を経由してＣ高速道路会社の料金所で降りた際、Ｃ高速道路会社がまとめて利用証明書を発行している場合には、Ｃ高速道路会社の利用証明書を保存することになります。

2　インボイス等につき、電子データによる提供を受けた場合、仕入税額控除の適用を受けるためには、電帳法に準じた方法により保存する必要があります（消令50①、消規15の5）。この点、電帳法においては、そのインボイス等の電子データをダウンロードすることができる場合に、そのインボイス等に係る電子データの確認が随時可能な状態である場合には、必ずしもその電子データをダウンロードせずとも、その保存があるものとして仕入税額控除の適用を受けることができることとされています。

そのため、ETC利用照会サービスにおいてダウンロードできる期間（15か月間）に、繰り返し、同じ高速道路会社等の道路を利用しているような場合は、いつでも利用証明書をダウンロードできる状態にあるため、結果として、利用証明書のダウンロードは不要となり、クレジットカード利用明細書の保存のみで仕入税額控除の適用を受けることができます。なお、ダウンロードできる期間を超えて利用間隔に開きがある高速道路会社等の道路については、利用証明書のダウンロードが必要になります。

【参考】ETC クレジットカード利用時の「利用証明書」

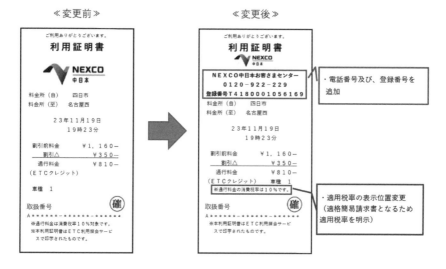

≪出典：NEXCO 中日本 HP ≫

(3) 振込手数料等に係るインボイスの保存方法

① 窓口で振込み等を行った場合

　入出金手数料や振込手数料について仕入税額控除の適用を受けるには、原則として簡易インボイスと一定の事項が記載された帳簿の保存が必要となります（消法30⑦）。

　他方、金融機関における入出金や振込みが多頻度にわたるなどの事情により、全ての入出金手数料及び振込手数料に係る簡易インボイスの保存が困難なときは、金融機関ごとに発行を受けた通帳や入出金明細等（個々の課税資産の譲渡等（入出金サービス・振込サービス）に係る取引年月日や対価の額が判明するものに限ります。）と、その金融機関における任意の一取引（一の入出金又は振込み）に係る簡易インボイスを併せて保存することで、仕入税額控除を行うことができます。

Ⅱ 仕入税額控除の要件としてのインボイスと帳簿の保存等

② インターネットバンキングで振込等を行った場合

　また、インターネットバンキングなど、オンラインで振込みを行った際の手数料等について、電子データにより簡易インボイスが提供される場合には、その電子データをダウンロードする必要があります。ただし、同種の手数料等の支払いが繰り返し行われているような場合において、その手数料等の簡易インボイスに係る電子データが、インターネットバンキング上で随時確認が可能な状態であるなど一定の要件を満たすのであれば、必ずしもその簡易インボイスに係る電子データをダウンロードしなくても、仕入税額控除の適用を受けることができます。

③ 金融機関から各種手数料に係るお知らせが送付される場合

　金融機関から各種手数料に係るお知らせ（インボイス発行事業者の氏名又は名称及び登録番号、適用税率、取引の内容が記載されたものに限ります。）が送付される場合には、そのうちの一のお知らせを保存することで、簡易インボイスの保存に代えることができます。

　なお、基準期間における課税売上高が１億円以下であるなど一定規模以下の事業者については、令和５年10月１日から令和11年９月30日までの間に国内において行う課税仕入れについて、その課税仕入れに係る支払対価の額が１万円未満である場合には、一定の事項が記載された帳簿のみの保存により仕入税額控除の適用を受けることができる経過措置（少額特例）も設けられていますので、上記のような対応は必要ありません（28年改正法附則53の２、改正令附則24の２①）。

　少額特例の詳細については、P89を参照してください。

9 インボイスに記載された消費税額等と仕入控除税額が一致しない場合

　課税仕入れを行った事業者は、インボイスに記載された消費税額等を基に仕入控除税額を計算することになりますが、次の質疑にあるように、その課税仕入れのすべてが事業者に帰属しない場合や、交付を受けたレシート（簡易インボイス）の表示によって仕入控除税額が変わる場合がありますので、注意してください。

Ⅱ　仕入税額控除の要件としてのインボイスと帳簿の保存等

≪会社が一部負担する社員食堂の仕入税額控除≫

問

　当社は、他の事業者が経営する食堂を社員食堂として従業員に利用させており、従業員が1,000円分の飲食を行った場合、その7割（700円）を従業員から徴収し、差額300円は当社が負担する形で食堂を経営する他の事業者に対して支払っています。

　他の事業者から受領するインボイスには、課税資産の譲渡等に係る税込価額として支払を行った全額（1,000円）が記載されているのですが、当社はどのように仕入税額控除を行うことになるのでしょうか。

　なお、従業員から徴収した代金は預り金として処理しています。

(答)

　事業者が他の事業者が経営する食堂を社員食堂として従業員に利用させるという契約を他の事業者と締結し、その従業員の食事代の全部又は一部を支払っているときは、給与として課税されるかどうかにかかわらず、その金額は課税仕入れに該当し、他の事業者から受領したインボイス及び一定の事項を記載した帳簿の保存により仕入税額控除を行うことができます。

　ただし、従業員から一部の代金を徴収し、預り金として処理している場合には、事業者が実際に負担した部分の金額のみが課税仕入れの対象となることから、飲食に係る代金の全額が記載されているインボイスを保存していたとしても、貴社は300円を基礎として、仕入税額控除の適用を受けることとなります。

　なお、仕入控除税額の計算に当たって積上げ計算を行う場合、受領した一のインボイスに記載された課税資産の譲渡等に係る消費税額等のうち、課税仕入れに係る部分の金額として算出した金額に1円未満の端数が生じる場合は、受領した一のインボイスにつき、税率ごとに1回の端数処理を行う必要がありますが、その方法については切上げ、

切捨て、四捨五入など、任意の方法によることとされています。

【会社が一部負担している場合の積上げ計算の計算例】

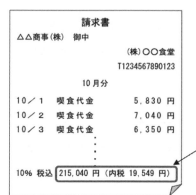

7割を従業員負担としている場合、
215,040円 × 30％ ＝ 64,512円が課税仕入れの対象となる。
（差額の150,528円は預り金として処理）

また、仕入税額控除の対象となる消費税額等のうち課税仕入れに係る部分の金額は、
19,549円 × 30％ ＝ 5,864.7円
→ 5,864円 又は 5,865円となる。

Ⅱ　仕入税額控除の要件としてのインボイスと帳簿の保存等

≪商品購入時にポイントを使用した場合の仕入控除税額≫

問

　当社では、事業に必要なものをホームセンター等で購入する際にポイントを使用して決済する場合があります。
　ホームセンター等からは簡易インボイスの交付を受けていますが、この場合の仕入控除税額と帳簿への記載は、どのように行えばよいのでしょうか。

(答)

　事業者が事業に必要なものを購入した場合には、その取引（課税仕入れ）について仕入税額控除を行うこととなり、購入先がホームセンター等のような小売業の場合には簡易インボイスが交付されますので、仕入税額控除の適用を受けるためには、区分経理に対応した帳簿と交付を受けた簡易インボイスの保存が必要となります。

　また、ご質問のように、商品購入時にポイントを使用した場合の「課税仕入れに係る支払対価の額」は、次のとおりになります。

① 　ポイント使用が「対価の値引き」である場合には、商品対価の合計額からポイント使用相当分の金額を差し引いた金額（値引後の金額）

② 　ポイント使用が「対価の値引きでない」場合には、商品対価の合計額（全額）

　なお、商品購入時に発行されるレシートには、ポイント使用の態様に応じて「課税仕入れに係る支払対価の額」が表示されていると考えられますので、商品を購入した事業者においては、レシートの表記から「課税仕入れに係る支払対価の額」を判断することとなります。

【レシートの記載例】

①のケース：値引き

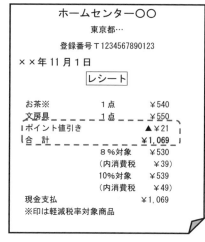

1,069円が課税仕入れの対価の額となる

②のケース：値引きでない

1,090円が課税仕入れの対価の額となる

　また、帳簿の記載に当たっては、次のように、日々の取引を税率ごとに区分経理しておくのがよいと考えられます。

《①のケース（値引き）》

　　消耗品費（8％対象）　530円　／　現金　　　　　1,069円

　　消耗品費（10％対象）　539円

《②のケース（値引きでない）》

　　消耗品費（8％対象）　540円　／　現金　　　　　1,069円

　　消耗品費（10％対象）　550円　／　雑収入（消費税不課税）　21円

（注）即時充当（即時に購買金額にポイント等相当額を充当する方法）による値引きは、商品対価の合計額が変わるものではありません。

　このため、事業者が商品を購入した際に、即時充当による消費者還元を受けた場合には、商品対価の合計額が「課税仕入れに係る支払対価の額」となります（②のケースと同様）。

10 リバースチャージ方式の対象となる取引等とインボイスの保存

　国外事業者が行う「電気通信利用役務の提供」のうち、「事業者向け電気通信利用役務の提供」（例：「インターネット広告の配信」等）については、特定課税仕入れとして、その役務の提供を受けた国内事業者に申告納税義務が課されます（リバースチャージ方式）（消法5①、28②、45①）。また、リバースチャージ方式により申告・納税を行う消費税額については仕入税額控除の対象となりますが、その適用要件としてインボイスの保存は必要なく、一定の事項が記載された帳簿のみの保存で仕入税額控除ができます（消法30⑦かっこ書）。

　これに対し、国外事業者が行う事業者向け電気通信利用役務の提供以外の電気通信利用役務の提供（いわゆる消費者向け電気通信利用役務の提供）（例：「電子書籍・音楽の配信」等）について仕入税額控除の適用を受けるためには、売手である国外事業者から交付を受けたインボイス（そのインボイスの記載事項に係る電子データを含みます。）の保存が必要です（消法30⑦）。

　また、国外事業者が行う消費者向け電気通信利用役務の提供について、インボイスの保存がない場合に、インボイス発行事業者以外の者から行った課税仕入れについて一定割合（80％、50％）を仕入税額とみなして控除できる経過措置の適用を受けることはできませんが（改正令附則24）、少額特例（一定規模以下の事業者が、令和5年10月1日から令和11年9月30日までの間に行う税込み1万円未満である課税仕入れについて、一定の事項が記載された帳簿のみの保存により仕入税額控除の適用を受けることができる経過措置）の適用を受けることはできます（28年改正法附則53の2、改正令附則24の2①）。

> **重要点メモ！**
>
> ### プラットフォーム課税とインボイスの保存
>
> **1 「プラットフォーム課税」とは**
>
> 　令和7年4月1日以後に、国外事業者が、デジタルプラットフォーム（注1）を介して行う消費者向け電気通信利用役務の提供で、かつ、特定プラットフォーム事業者（注2）を介してその役務の提供の対価を収受するものについては、その特定プラットフォーム事業者がその役務の提供を行ったものとみなして申告・納税を行うこととされています（新消法15の2①）。
>
> （注）1 「デジタルプラットフォーム」とは、不特定かつ多数の者が利用することを予定して電子計算機を用いた情報処理により構築された場であって、その場を介してその場を提供する者以外の者が電気通信利用役務の提供を行うために、その電気通信利用役務の提供に係る情報を表示することを常態として不特定かつ多数の者に電気通信回線を介して提供されるものをいい（新消法15の2①）、例えば、アプリストアや電子書籍のオンラインモールなどがこれに該当します。
>
> 　2 「特定プラットフォーム事業者」とは、一定の要件を満たすプラットフォーム事業者であるとして、国税庁長官の指定を受けた事業者をいいます。
>
> **2 特定プラットフォーム事業者のインボイスの交付義務**
>
> 　特定プラットフォーム事業者がインボイス発行事業者である場合で、プラットフォーム課税の対象となる消費者向け電気通信利用役務の提供について、課税事業者である相手方の求めがあった場合には、この特定プラットフォーム事業者は自身の登録番号を記載したインボイスを交付しなければならないこととされています（消法57の4①）。この場合、国外事業者がインボイス発行事業者であったとしても、その国外事業者にはインボイスの交付義務は生じません。
>
> 　したがって、特定プラットフォーム事業者を介して提供を受けた消費者向け電気通信利用役務について仕入税額控除の適用を受けるためには、インボイス発行事業である特定プラットフォーム事業者から交付を受けたインボイスを保存する必要があります（消法30⑦）。
>
> 　また、消費者向け電気通信利用役務の提供については、通常、不特定かつ多数の者に対して提供することが予定されているものであるため、簡易インボイスが交付できる事業に該当します（消法57の4②）。

11　課税仕入れの時期

　課税仕入れの時期については、インボイス制度前と基本的に変わるものではありませんが、仕入税額控除の適用要件である帳簿とインボ

Ⅱ 仕入税額控除の要件としてのインボイスと帳簿の保存等

イスの保存については、いくつか注意すべき点があります。

(1) 短期前払費用

　法人税の計算において、前払費用（一定の契約に基づき継続的に役務の提供を受けるために支出した費用のうち、支出した事業年度終了の時においてまだ提供を受けていない役務に対応するものをいいます。以下同じです。）の額でその支払った日から1年以内に提供を受ける役務に係るものを支払った場合、その支払った額に相当する金額を継続してその支払った日の属する事業年度の損金の額に算入しているときは、この前払費用を損金の額に算入することが認められています（法人税基本通達2－2－14）。また、所得税においても同様に取り扱われています（所得税基本通達37－30の2）。

　消費税の計算についても、この取扱いの適用を受ける前払費用に係る課税仕入れは、その支出した日の属する課税期間において行ったものとして取り扱うこととされています（消基通11－3－8）。

　このような前払費用については、インボイス制度においても、その支出した日の属する課税期間において行ったものとして取り扱われますが、この前払費用に係る課税仕入れについて仕入税額控除の適用を受けるためには、原則として、インボイスの保存が必要となります。

　したがって、この前払費用に係るインボイスを保存している場合は、支出した日の属する課税期間の課税仕入れとして仕入税額控除の適用を受けることができます。

　また、この前払費用に係る課税仕入れがインボイス発行事業者から行われるものである場合で、この前払費用を支出した日の属する課税期間においてインボイスの交付を受けられなかったとしても、事後に交付されるインボイスを保存することを条件として、この前払費用と

して支出した額を基礎として仕入税額控除の適用を受けることができます。

> **重要点メモ！**
>
> ### 前払費用の金額が変動した場合
>
> 　前払費用として仕入税額控除の適用を受けた金額が契約変更等により変動した場合には、変動前と変動後の消費税額との差額を、その確定した日の属する課税期間における課税仕入れに係る消費税額に加算又は減算することとなります（仕入税額の計算方法として、割戻し計算による場合、確定した対価の額と変動前の金額との差額をその確定した日の属する課税期間の課税仕入れに係る支払対価の額に加算し、又はその課税仕入れに係る支払対価の額から控除することとなります。）。
> 　なお、この場合のインボイスの保存等については、次のとおりです。
> ① **変動前の金額が記載されたインボイスの交付を受ける場合**
> 　取引の相手方から変動前の金額が記載されたインボイスの交付を受ける場合には、これを保存することで変動前の金額による仕入税額控除が認められます。
> 　その後、確定額が変動前の金額と異なる場合には、確定額が記載されたインボイス（対価の額を修正したインボイス）の交付を受けた上で、これを保存する必要があります。
> ② **変動前の金額が記載されたインボイスの交付を受けられない場合**
> 　変動前の金額が記載されたインボイスの交付を受けられない場合であっても、電気・ガス・水道水の供給のようなインボイス発行事業者から継続して行われる取引については、変動前の金額が記載されたインボイスや仕入明細書の保存がなくとも、その後、金額が確定したときに交付されるインボイスを保存することを条件として、課税仕入れを行う事業者が課税期間の末日の現況により適正に見積もった金額で、仕入税額控除を行うことができます。
> 　他にこの取扱いの対象となる取引としては、例えば、機械等の保守点検、弁護士の顧問契約のように契約等に基づき継続的に課税資産の譲渡等が行われ、金額が確定した際にインボイスの交付を受ける蓋然性の高いものがこれに該当します。

(2) 郵便切手類又は物品切手等により課税仕入れを行った場合

　郵便切手類又は物品切手等の譲渡は非課税取引なので、購入時においては、原則として課税仕入れには該当せず、役務又は物品の引換給

Ⅱ　仕入税額控除の要件としてのインボイスと帳簿の保存等

付を受けた時にその引換給付を受けた事業者の課税仕入れとなります。

しかし、郵便切手類又は物品切手等の中には、毎期経常的におおむね一定額を購入し、かつ、購入した事業者が自ら役務又は物品の引換給付を受けるものが少なくありません。

このようなものについては、課税期間ごとの実際の引換給付分を課税仕入れとすることに代えて、購入ベースで課税仕入れを行ったものとしたとしても、その計算が継続する限り、毎課税期間の課税仕入れに係る控除税額がそれ程ゆがめられることはありません。

そこで、次に掲げる場合には、郵便切手類又は物品切手等を購入した事業者が、その購入した郵便切手類又は物品切手等のうち、自ら引換給付を受けるものにつき、継続してその郵便切手類又は物品切手等の対価を支払った日の属する課税期間の課税仕入れとしている場合には、これが認められています（消基通11－3－7）。

①　郵便ポストに差し出すもので、インボイスの交付義務が免除される郵便切手類のみを対価とする郵便・貨物サービスに使用する場合（消規26の6二）

②　簡易インボイスの記載事項（取引年月日を除きます。）が記載されている物品切手等が使用の際に回収される取引に使用する場合（消令49①一ロ）

ところで、インボイス制度においては、仕入税額控除の適用を受けるためには、原則として、インボイスの保存が必要となりますが、上記①及び②の場合には、一定の事項を記載した帳簿の保存のみで仕入税額控除の適用を受けることができます（消令49①一ロ・ニ、消規15の4一）。

したがって、このような郵便切手類又は物品切手等（インボイス発行事業者により回収されることが明らかなものに限ります。）のうち、

自ら引換給付を受けるものについては、インボイス制度においても、引き続き、購入（対価の支払）時に課税仕入れとして計上し、一定の事項を記載した帳簿を保存することにより、仕入税額控除の適用を受けることができます。

　なお、上記（一定の事項を記載した帳簿のみの保存で仕入税額控除の適用を受けることができるもの）以外の物品切手等に係る課税仕入れは、購入（対価の支払）時ではなく、インボイスの交付を受けることとなるその引換給付を受けた時に課税仕入れを計上し、仕入税額控除の適用を受けることとなります。

㊟　「郵便切手類」とは、次のものをいいます（消基通6－4－2）。

　　① 　郵便切手
　　② 　郵便はがき
　　③ 　郵便書簡（ミニレター）
　　④ 　特定封筒（レターパック、スマートレター）

Ⅱ　仕入税額控除の要件としてのインボイスと帳簿の保存等

≪物品切手等を割引・割増価格により購入した場合の仕入税額控除≫

問

　当社は、福利厚生の一環としてイベントのチケット（物品切手等）を購入し、従業員に配付しています。インボイス等については、実際に従業員がイベントを観覧した時（引換給付の際）に交付を受け、これを保存しています。

　ところで、そのインボイス等に記載された金額と、物品切手等の購入金額に差額が生じていることがありますが、この場合の仕入控除税額はどうなりますか。

(答)

　物品切手等に係る課税仕入れについては、その取得（購入）に要した金額の如何にかかわらず、引換給付時に受領したインボイスに記載された金額を基礎として仕入税額控除の適用を受けることとなります。

　したがって、例えば、イベントのチケットを割引価格で購入した場合は、交付を受けたインボイス等に記載された金額により仕入控除税額を算出し、実際に支払った金額との差額を雑収入等（消費税課税対象外の売上げ）として計上することとなりますが、実際に支払った金額により、仕入控除税額を算出することとしても構いません。

　他方、割増価格で購入した場合には、交付を受けたインボイス等に記載された金額を上限として仕入控除税額を算出することとなります。

【仕訳例】

○ チケットを割引価格で購入し、福利厚生目的で従業員に利用させた場合（購入金額11,000円、インボイスに記載された金額13,200円）

貯蔵品	11,000 円	/	現金	11,000 円

福利厚生費	12,000 円	/	貯蔵品	11,000 円
仮払消費税等	1,200 円		雑収入（課税対象外）	2,200 円

⇒ 仕入控除税額1,200円（インボイスに記載された消費税額等）

又は

貯蔵品	11,000 円	/	現金	11,000 円

福利厚生費	10,000 円	/	貯蔵品	11,000 円
仮払消費税等	1,000 円			

⇒ 仕入控除税額1,000円（購入金額×10／110で算出）

○ チケットを割増価格で購入し、福利厚生目的で従業員に利用させた場合（購入金額13,200円、インボイス等に記載された金額11,000円）

貯蔵品	13,200 円	/	現金	13,200 円

福利厚生費	10,000 円	/	貯蔵品	13,200 円
福利厚生費（控除対象外）	2,200 円			
仮払消費税等	1,000 円			

⇒ 仕入控除税額1,000円（インボイス等に記載された消費税額等）

Ⅱ　仕入税額控除の要件としてのインボイスと帳簿の保存等

(3) 返信用封筒に貼付した郵便切手に係る仕入税額控除

　返信用封筒に貼付された郵便切手類（自らが購入した郵便切手類）により返送を受ける場合には、郵便切手類のみを対価とする郵便ポスト等への投函による郵便サービスを受けたものとして、帳簿のみの保存で仕入税額控除を行うことができます。

　この場合、その郵便切手類の購入時に仕入税額控除を行うこともできますが、その後、返送を受けないことが明らかとなった際には、その明らかとなった課税期間において、仕入控除税額を調整することとなります。

12　帳簿のみの保存で仕入税額控除の適用が受けられる場合

　仕入税額控除の適用を受けるためには、一定の事項が記載された帳簿とインボイス等を保存することが原則です。しかし、売手であるインボイス発行事業者の事情等によりインボイス等の交付を受けることが困難な場合や、課税仕入れの相手方がインボイス発行事業者でないことが通例な取引もあります。

　そこで、次に掲げる取引については、一定の事項を記載した帳簿のみの保存で仕入税額控除が認められます（消令49①、消規15の4）。

　なお、ここで説明しているのは、「帳簿のみの保存」で仕入税額控除の適用を受けることができるものであり、これに該当しなかったとしても、インボイス等を併せて保存することにより仕入税額控除の適用を受けることができるものがあります。

① 　インボイスの交付義務が免除される3万円未満の公共交通機関による旅客の運送（以下**「公共交通機関特例」**といいます。）

※　売手においては、インボイスの交付義務が免除されます。

②　簡易インボイスの記載事項（取引年月日を除きます。）が記載されている入場券等が使用の際に回収される取引（①に該当するものを除きます。以下「回収特例」といいます。）

③　古物営業を営む者のインボイス発行事業者でない者からの古物（古物営業を営む者の棚卸資産に該当するものに限ります。）の購入（以下③から⑥までを合わせて「古物商等特例」といいます。）

④　質屋を営む者のインボイス発行事業者でない者からの質物（質屋を営む者の棚卸資産に該当するものに限ります。）の取得

⑤　宅地建物取引業を営む者のインボイス発行事業者でない者からの建物（宅地建物取引業を営む者の棚卸資産に該当するものに限ります。）の購入

⑥　インボイス発行事業者でない者からの再生資源及び再生部品（購入者の棚卸資産に該当するものに限ります。）の購入

　※　③〜⑥の取引において、相手方がインボイス発行事業者である場合は、インボイスの交付を受け、それを保存する必要があります。

⑦　インボイスの交付義務が免除される3万円未満の自動販売機及び自動サービス機からの商品の購入等（以下「自動販売機等特例」といいます。）

　※　売手においては、インボイスの交付義務が免除されます。

⑧　インボイスの交付義務が免除される郵便切手類のみを対価とする郵便・貨物サービス（郵便ポストに差し出されたものに限ります。）（以下「郵便サービス等特例」といいます。）

　※　売手においては、インボイスの交付義務が免除されます。

⑨　従業員等に支給する通常必要と認められる出張旅費等（出張旅費、

Ⅱ 仕入税額控除の要件としてのインボイスと帳簿の保存等

宿泊費及び日当)(以下**「出張旅費等特例」**といいます。)
⑩ 従業員等で通勤する者に支給する通常必要と認められる通勤手当(以下**「通勤手当特例」**といいます。)

(1) 「公共交通機関特例」とは

　3万円未満の公共交通機関(船舶、バス、鉄道又はモノレール等)による旅客の運送は、インボイスの交付義務が免除されています(消令70の9②一)。ここで、旅客の運送が3万円未満かどうかは、1回の取引の税込価額が3万円未満かどうかで判定します(消基通1-8-12)。したがって、1商品(切符1枚)ごとの金額や、月まとめ等の金額で判定することにはなりません。例えば、東京―大阪間の大人運賃が13,000円であり、4人分の運送役務の提供を行う場合には、4人分の52,000円で判定することとなります。

　なお、航空機による旅客の運送やタクシーは、公共交通機関特例の対象になりませんので、注意が必要です。

≪対象となるもの≫

船舶による旅客の運送	一般旅客定期航路事業（海上運送法2⑤）、人の運送をする貨物定期航路事業（同法19の6の2）、人の運送をする不定期航路事業（同法20②）（乗合旅客の運送をするものに限ります。）として行う旅客の運送（対外航路のものを除きます。）
バスによる旅客の運送	一般乗合旅客自動車運送事業（道路運送法3一イ）として行う旅客の運送 ㊟ 路線不定期運行（空港アクセスバス等）及び区域運行（旅客の予約等による乗合運行）も対象となります。
鉄道・軌道による旅客の運送	・鉄道：第一種鉄道事業（鉄道事業法2②）、第二種鉄道事業（同法2③）として行う旅客の運送 ・軌道（モノレール等）：軌道法第3条に規定する運輸事業として行う旅客の運送

㊟ 特別急行料金、急行料金及び寝台料金など旅客の運送に直接的に附帯する対価は、公共交通機関特例の対象となりますが、入場料金や手回品料金など旅客の運送に直接的に附帯する対価でないものは、公共交通機関特例の対象となりません（消基通1－8－13）。

このように、公共交通機関特例に係る課税仕入れについては、インボイスの交付を受けることができませんので、一定の事項を記載した帳簿のみの保存で仕入税額控除が認められますが（消法30⑦、消令49①一イ、70の9②一）、3万円以上の公共交通機関を利用した場合には、その利用に係るインボイスの保存が仕入税額控除の要件となります。

ただし、この場合であっても、公共交通機関である鉄道事業者から簡易インボイスの記載事項（取引年月日を除きます。）を記載した乗車券の交付を受け、その乗車券が回収される場合（回収特例）は、一定の事項を記載した帳簿のみの保存で仕入税額控除が認められています（消令49①一ロ）。

Ⅱ　仕入税額控除の要件としてのインボイスと帳簿の保存等

(2) 「古物商等特例」とは

　　古物営業法上の許可を受けて古物営業を営む古物商が、インボイス発行事業者以外の者から同法に規定する古物（古物商が事業として販売する棚卸資産に該当するものに限ります。）を買い受けた場合には、一定の事項が記載された帳簿のみの保存で仕入税額控除が認められます（消法30⑦、消令49①一ハ(1)）。したがって、例えば、中古車ディーラーが消費者から中古車の仕入れを行った場合には、一定の事項を記載した帳簿を保存することで、仕入税額控除が認められます。

　　また、古物以外のものであっても、物品及び証票で他の者が使用、鑑賞その他の目的で取引したものを、古物商である事業者が古物営業と同等の取引方法で買い受ける場合には、古物に準ずるものとして、インボイス発行事業者以外の者から買い受けた場合には、同様の取扱いとなります（消規15の3）。例えば、金、銀、白金といった貴金属の地金やゴルフ会員権がこれに該当します。

　　ここで、「古物営業と同等の取引方法」とは、例えば、その古物に準ずる物品及び証票の買受けに際して、古物営業法第15条《確認等及び申告》に規定する措置（いわゆる本人確認措置）及び同法第16条《帳簿等への記載等》の規定に基づき、相手方の住所、氏名等について記帳等を行うなど、古物商が古物を買い受ける場合と同等の取引方法にあることをいいます（消基通11－6－3）。

　　なお、相手方がインボイス発行事業者である場合は、インボイスの交付を受け、それを保存する必要があります。

　　また、質屋、宅地建物取引業及び再生資源回収等を営む者がインボイス発行事業者以外の者から仕入れを行う場合も同様に、仕入税額控除のために保存が必要な請求書等の交付を受けることが困難な場合として、一定の事項が記載された帳簿のみの保存で仕入税額控除が認め

られます（消令49①一ハ(2)～(4)）。

(注) 輸出物品販売場（いわゆる免税店）で消費税が免除された物品（免税購入品）であることを知りながら行った課税仕入れについては、古物商等特例の適用の有無にかかわらず、仕入税額控除制度の適用を受けることはできません（消法30⑫）。

Ⅱ 仕入税額控除の要件としてのインボイスと帳簿の保存等

≪古物商がフリマアプリ等により商品を仕入れた場合の仕入税額控除≫

問

当社は古物営業法上の許可を受けて古物営業を営んでいますが、フリーマーケットアプリやインターネットオークション（以下「フリマアプリ等」といいます。）を通じて、販売するための商品を仕入れることがあります。この場合、取引の相手方が匿名の場合がありますが、仕入税額控除の適用を受けるためには、どうしたらよいでしょうか。

また、フリマアプリ等を通じて業務で使用する机やキャビネットなどの備品を購入することもあります。その購入先は、インボイス発行事業者でないことが多いのですが、このような場合に免税事業者等からの仕入れに係る経過措置（80％・50％控除）の適用を受けるためには、どのような対応が必要となりますか。

（答）

ｉ 古物商の帳簿の記帳義務

古物営業を営む場合、古物営業法において、次に掲げる場合には、帳簿（いわゆる「古物台帳」）に①取引年月日、②古物の品目及び数量、③古物の特徴、④相手方の住所、氏名、職業及び年齢、⑤相手方の確認方法を記載し、保存しなければならないこととされています（古物営業法16、18、古物営業法施行規則16）。

イ　商品を仕入れた際の対価の総額が１万円以上（税込み）の場合
ロ　仕入れた商品が自動二輪車、原動機付自転車、家庭用コンピュータゲーム、CD・DVD又は書籍の場合（金額を問いません。）（以下「特定古物」といいます。）

帳簿のみの保存で仕入税額控除が認められる場合の帳簿の記載事項は、

①　課税仕入れの相手方の氏名又は名称及び住所又は所在地（古物台

帳に、取引の相手方の氏名や住所を記載することとされていない場合には不要）

② 課税仕入れを行った年月日
③ 課税仕入れに係る資産又は役務の内容
④ 課税仕入れに係る支払対価の額
⑤ 帳簿のみの保存で仕入税額控除が認められるいずれかの仕入れに該当する旨

ですから、古物台帳には①から④の事項が記載されていることになります。

なお、帳簿のみの保存で仕入税額控除が認められる場合の帳簿の記載事項としては、⑤の事項も必要となるため、古物台帳と⑤の事項について記載した帳簿（総勘定元帳等）を併せて保存することで、帳簿の保存要件を満たすことができます。

この場合、古物台帳については、帳簿の保存期間（課税期間の末日の翌日から２月を経過した日から７年間）保存しておく必要がある点に注意が必要です（消令71②）。

ⅱ 古物商がフリマアプリ等で商品を仕入れた場合の取扱い

ご質問のように、古物商がフリマアプリ等により販売するための古物の仕入れを行った場合で、その仕入先がインボイス発行事業者であれば、その仕入先から簡易インボイス（注１）を受領して保存する必要がありますが、インボイス発行事業者でない者（注２）であれば、帳簿に一定の事項を記載することで古物商等特例の適用を受けることができます。

その際、対価の総額が１万円未満（特定古物を除きます。）であれば、古物台帳に相手方の住所、氏名、職業及び年齢の記載は不要とさ

Ⅱ　仕入税額控除の要件としてのインボイスと帳簿の保存等

れていますので、匿名で取引が行われていたとしても古物商等特例を適用することはできますが、1万円以上あるいは特定古物である場合には、それらの記載が必要となるため、これらの点について、古物営業法に規定された方法により相手方の確認を行う必要があります。

(注)1　フリマアプリ等による物品の譲渡を行う事業は、一般的に不特定かつ多数の者に対して課税資産の譲渡等を行うものとして簡易インボイスの交付対象となります。また、出品者とフリマアプリ等を運営する事業者（以下「運営事業者」といいます。）がともにインボイス発行事業者であるなど一定の要件を満たす場合には、運営事業者が、出品者に代わって媒介者交付特例により簡易インボイスの交付を行うことも認められます。

　　 2　仕入先がインボイス発行事業者の登録をしている個人であったとしても、消費者として家事用資産を譲渡する場合も考えられます。この点、メッセージ機能等により「インボイス発行事業者としての譲渡である場合は登録番号を教えてください。連絡がない場合には、消費者としての譲渡と取り扱わさせていただきます。」と確認を行った上で、何らの連絡がない場合には、仕入先をインボイス発行事業者以外の者と取り扱って構いません。

ⅲ　免税事業者等からの仕入れに係る経過措置の適用

　免税事業者等からの仕入れに係る経過措置（80％・50％控除）の適用を受けるためには、一定の事項を記載した帳簿及び区分記載請求書等と同様の記載事項を満たした請求書等（区分記載請求書等に記載すべき事項に係る電子データを含みます。）の保存が必要となります（28年改正法附則52、53）。

　ところで、古物商が棚卸資産に該当しないものを購入した場合には

古物商等特例の適用はありませんから、このような場合や古物商以外の者がフリマアプリ等で仕入れた場合（古物営業に該当しないものに限ります。）には、80％・50％控除の適用を受けることができます。

　この場合の区分記載請求書等に記載すべき「書類の作成者の氏名又は名称」及び帳簿に記載すべき「課税仕入れの相手方の氏名又は名称」については、「フリマアプリ等の名称及びそのフリマアプリ等におけるアカウント名」として構いません。

　なお、フリマアプリ等の取引画面を区分記載請求書等に記載すべき事項に係る電子データとして保存する場合には、電帳法に準じた方法による必要があります。

Ⅱ　仕入税額控除の要件としてのインボイスと帳簿の保存等

【免税事業者等からの仕入れに係る経過措置の適用に係るフリマアプリ等の取引画面（区分記載請求書等の記載事項に係る電子データ）及び帳簿のイメージ】

（○○フリマ　取引画面）

出品者情報	△△△（92）　☑本人確認済
取引情報	【美品】○○○○　定価 50,000 円【お買い得】
商品代金	￥　13,200
支払方法	残高から支払い
送料	送料込み（出品者負担）
購入日時	2024 年 5 月 1 日　21：23

(注)　この取引画面等が随時確認可能な状態であるなど一定の要件を満たすのであれば、必ずしもこの取引画面等に係る電子データをダウンロードする必要はありません。

（帳簿）

総勘定元帳（仕入れ）					㈱□□□
年	月	日	摘要	借方	貸方
2024	5	1	○○フリマ　△△　備品　80％対象	12,240	
			（仮払消費税等）	(960)	
⋮	⋮	⋮	⋮	⋮	

　なお、古物については対価の総額が1万円以上又は特定古物に該当する場合には、古物営業法上、本人確認や古物台帳への記帳義務が生じることから、結果として、これらの物については仕入先の住所、氏名、職業及び年齢の確認ができないような場面が生じることはありません。そのため、こうした古物で棚卸資産に該当するものについては古物商等特例が適用され、80％・50％控除の適用を受けることは、通

常、想定されませんが、対価の総額が1万円以上の準古物の仕入れで、メッセージ機能等を用いて確認を行ったとしても仕入先の住所、氏名、職業及び年齢の確認ができないような場合（注3）には、80％・50％控除の適用を受けることができます。

(注)3　準古物については、古物営業法の対象外であることから、対価の総額が1万円以上である場合でも同法上は本人確認や古物台帳への記帳は求められません。ここで、準古物とは、古物営業法上の古物に該当しない、例えば、金、銀、白金といった貴金属の地金やゴルフ会員権をいいます（消基通11－6－3）。

【参考】

○　古物営業法

(定義)

第2条　この法律において「古物」とは、一度使用された物品（鑑賞的美術品及び商品券、乗車券、郵便切手その他政令で定めるこれらに類する証票その他の物を含み、大型機械類（船舶、航空機、工作機械その他これらに類する物をいう。）で政令で定めるものを除く。以下同じ。）若しくは使用されない物品で使用のために取引されたもの又はこれらの物品に幾分の手入れをしたものをいう。

2　この法律において「古物営業」とは、次に掲げる営業をいう。

一　古物を売買し、若しくは交換し、又は委託を受けて売買し、若しくは交換する営業であって、古物を売却すること又は自己が売却した物品を当該売却の相手方から買い受けることのみを行うもの以外のもの

二　古物市場（古物商間の古物の売買又は交換のための市場を

Ⅱ　仕入税額控除の要件としてのインボイスと帳簿の保存等

　　　いう。以下同じ。）を　経営する営業
　三　古物の売買をしようとする者のあっせんを競りの方法（政令で定める電子情報処理組織を使用する競りの方法その他の政令で定めるものに限る。）により行う営業（前号に掲げるものを除く。以下「古物競りあっせん業」という。）
3　この法律において「古物商」とは、次条第一項の規定による許可を受けて前項第一号に掲げる営業を営む者をいう。
4・5　（省略）

（確認等及び申告）
第15条　古物商は、古物を買い受け、若しくは交換し、又は売却若しくは交換の委託を受けようとするときは、相手方の真偽を確認するため、次の各号のいずれかに掲げる措置をとらなければならない。
　一　相手方の住所、氏名、職業及び年齢を確認すること。
　二　相手方からその住所、氏名、職業及び年齢が記載された文書（その者の署名のあるものに限る。）の交付を受けること。
　三　相手方からその住所、氏名、職業及び年齢の電磁的方法（電子的方法、磁気的方法その他の人の知覚によって認識することができない方法をいう。以下同じ。）による記録であって、これらの情報についてその者による電子署名（電子署名及び認証業務に関する法律（平成12年法律第102号）第2条第1項に規定する電子署名をいい、当該電子署名について同法第4条第1項又は第15条第1項の認定を受けた者により同法第2条第2項に規定する証明がされるものに限る。）が行われているものの提供を受けること。

四　前三号に掲げるもののほか、これらに準ずる措置として国家公安委員会規則で定めるもの
2　前項の規定にかかわらず、次に掲げる場合には、同項に規定する措置をとることを要しない。
　一　対価の総額が国家公安委員会規則で定める金額未満である取引をする場合（特に前項に規定する措置をとる必要があるものとして国家公安委員会規則で定める古物に係る取引をする場合を除く。）
　二　自己が売却した物品を当該売却の相手方から買い受ける場合
3　古物商は、古物を買い受け、若しくは交換し、又は売却若しくは交換の委託を受けようとする場合において、当該古物について不正品の疑いがあると認めるときは、直ちに、警察官にその旨を申告しなければならない。

（帳簿等への記載等）

第16条　古物商は、売買若しくは交換のため、又は売買若しくは交換の委託により、古物を受け取り、又は引き渡したときは、その都度、次に掲げる事項を、帳簿若しくは国家公安委員会規則で定めるこれに準ずる書類（以下「帳簿等」という。）に記載をし、又は電磁的方法により記録をしておかなければならない。ただし、前条第2項各号に掲げる場合及び当該記載又は記録の必要のないものとして国家公安委員会規則で定める古物を引き渡した場合は、この限りでない。
　一　取引の年月日
　二　古物の品目及び数量

三　古物の特徴

四　相手方（国家公安委員会規則で定める古物を引き渡した相手方を除く。）の住　所、氏名、職業及び年齢

五　前条第１項の規定によりとつた措置の区分（同項第一号及び第四号に掲げる措置にあっては、その区分及び方法）

○　古物営業法施行規則

(確認等の義務を免除する古物等)

第16条　法第15条第２項第１号の国家公安委員会規則で定める金額は、１万円とする。

２　法第15条第２項第１号の国家公安委員会規則で定める古物は、次の各号に該当する古物とする。

一　自動二輪車及び原動機付自転車（これらの部分品（ねじ、ボルト、ナット、コードその他の汎用性の部分品を除く。）を含む。）

二　専ら家庭用コンピュータゲームに用いられるプログラムを記録した物

三　光学的方法により音又は影像を記録した物

四　書籍

○　質屋営業法

(定義)

第１条　この法律において「質屋営業」とは、物品（有価証券を含む。第22条を除き、以下同じ。）を質に取り、流質期限までに当該質物で担保される債権の弁済を受けないときは、当該質物をもつてその弁済に充てる約款を附して、金銭を貸し付ける

営業をいう。

2　この法律において「質屋」とは、質屋営業を営む者で第2条第1項の規定による許可を受けたものをいう。

○　**宅地建物取引業法**

（用語の定義）

第2条　この法律において次の各号に掲げる用語の意義は、それぞれ当該各号の定めるところによる。

一　（省略）

二　宅地建物取引業　宅地若しくは建物（建物の一部を含む。以下同じ。）の売買若しくは交換又は宅地若しくは建物の売買、交換若しくは貸借の代理若しくは媒介をする行為で業として行うものをいう。

三　宅地建物取引業者　第3条第1項の免許を受けて宅地建物取引業を営む者をいう。

四　（省略）

○　**資源の有効な利用の促進に関する法律**

（定義）

第2条　この法律において「使用済物品等」とは、一度使用され、又は使用されずに収集され、若しくは廃棄された物品（放射性物質及びこれによって汚染された物を除く。）をいう。

2・3　（省略）

4　この法律において「再生資源」とは、使用済物品等又は副産物のうち有用なものであって、原材料として利用することができるもの又はその可能性のあるものをいう。

5 この法律において「再生部品」とは、使用済物品等のうち有用なものであって、部品その他製品の一部として利用することができるもの又はその可能性のあるものをいう。

6～13 （省略）

(3) 「自動販売機等特例」とは

　3万円未満の自動販売機や自動サービス機による商品の販売等は、インボイスの交付義務が免除されていますので（消令70の9②三、消規26の6一）、課税仕入れを行った事業者は、一定の事項が記載された帳簿のみの保存で仕入税額控除が認められます（消令49①一ニ、消規15の4一）。この場合の3万円未満かどうかの判定も、1回の取引の税込価額が3万円未満かどうかで行います（消基通1－8－12）。

　また、インボイスの交付義務が免除される自動販売機等特例の対象となる自動販売機や自動サービス機とは、代金の受領と資産の譲渡等が自動で行われる機械装置であって、その機械装置のみで、代金の受領と資産の譲渡等が完結するものをいいます（消基通1－8－14）。

　自動販売機等特例の対象となるものとならないものの代表例は、以下のとおりです。

対象となるもの	対象とならないもの
・　自動販売機による飲食料品の販売	・　小売店内に設置されたセルフレジを通じた販売のように機械装置により単に精算が行われているだけのもの
・　コインロッカーやコインランドリー等によるサービス	・　コインパーキングや自動券売機のように代金の受領と券類の発行はその機械装置で行われるものの資産の譲渡等は別途行われるようなもの
・　金融機関のATMによる手数料を対価とする入出金サービスや振込サービス	・　ネットバンキングのように機械装置で資産の譲渡等が行われないもの ・　有料道路のETC

(注)　コインパーキングは、インボイスの交付義務が免除される自動販売機等特例の対象とはなりませんが、駐車場業(不特定かつ多数の者に対するもの)に該当することから、インボイスに代えて簡易インボイスを交付することができます(消令70の11三)。

(4)　「出張旅費等特例」とは

社員に支給する出張旅費、宿泊費、日当等のうち、その旅行に通常必要であると認められる部分の金額については、課税仕入れに係る支払対価の額に該当するものとして取り扱われ、この金額については、一定の事項を記載した帳簿のみの保存で仕入税額控除が認められます(消法30⑦、消令49①一ニ、消規15の4二、消基通11－6－4)。

なお、帳簿のみの保存で仕入税額控除が認められる「その旅行に通常必要であると認められる部分」については、所得税基本通達9－3に基づき判定しますので、所得税が非課税となる範囲内で、帳簿のみの保存で仕入税額控除が認められることになります(消基通11－6－4(注))。

例えば、予約サイトを通じてホテルの宿泊を予約し、予約サイト経由で決済が行われるとホテルのフロントでは現金の授受等が行われな

Ⅱ 仕入税額控除の要件としてのインボイスと帳簿の保存等

いことから、領収書等の交付を受けないことがあります。しかし、その宿泊費がその旅行に通常必要と認められる部分の金額であれば、一定の事項を記載した帳簿のみの保存で仕入税額控除が認められるということになります。

一方、その宿泊費がその旅行に通常必要と認められる部分の金額を超える場合には、帳簿のみの保存では仕入税額控除が認められないので、ホテル又は予約サイトに簡易インボイスの交付を求める必要があります。

【参考】
○ 所得税基本通達9－3（非課税とされる旅費の範囲）

　法第9条第1項第4号の規定により非課税とされる金品は、同号に規定する旅行をした者に対して使用者等からその旅行に必要な運賃、宿泊料、移転料等の支出に充てるものとして支給される金品のうち、その旅行の目的、目的地、行路若しくは期間の長短、宿泊の要否、旅行者の職務内容及び地位等からみて、その旅行に通常必要とされる費用の支出に充てられると認められる範囲内の金品をいうのであるが、当該範囲内の金品に該当するかどうかの判定に当たっては、次に掲げる事項を勘案するものとする。

(1) その支給額が、その支給をする使用者等の役員及び使用人の全てを通じて適正なバランスが保たれている基準によって計算されたものであるかどうか。

(2) その支給額が、その支給をする使用者等と同業種、同規模の他の使用者等が一般的に支給している金額に照らして相当と認められるものであるかどうか。

≪実費精算の出張旅費等≫

問

当社は、社員が出張した場合、旅費規程や日当規程に基づき出張旅費や日当を支払っています。この際、実際にかかった費用に基づき精算を行うため、社員からは、支払の際に受け取ったインボイス等を徴求することとしています。この実費に係る金額について、帳簿のみの保存（従業員等に支給する通常必要と認められる出張旅費等）により仕入税額控除を行うことはできますか。

(答)

一定の事項を記載した帳簿のみの保存で仕入税額控除が認められる出張旅費等については、概算払によるもののほか、実費精算されるものも含まれますので、実費精算に係るものであっても、その旅行に通常必要であると認められる部分の金額については、帳簿のみの保存で仕入税額控除を行うことができます。

例えば、所得税の非課税範囲が10,000円と認められる場合で、社内規程には「1回の旅行当たり3,000円」とある一方で、8,000円支給した場合には、8,000円が帳簿のみの保存で仕入税額控除が認められます。また、社内規程等がない場合で、社員に支払った交通費（実費）10,000円が通常必要と認められるのであれば、帳簿のみの保存で仕入税額控除が認められます。

なお、実費精算が貴社により用務先へ直接対価を支払っているものと同視し得る場合には、通常必要と認められる範囲か否かにかかわらず、他の課税仕入れと同様、一定の事項を記載した帳簿及び社員から徴求したインボイス等の保存が仕入税額控除の要件となります。

この場合、3万円未満の公共交通機関による旅客の運送など、一定

Ⅱ 仕入税額控除の要件としてのインボイスと帳簿の保存等

の課税仕入れに当たるのであれば、帳簿のみの保存で仕入税額控除が認められます（消法30⑦、消令49①一イ、70の9②一）。

≪日当等に免税事業者等からの課税仕入れが含まれている場合の取扱い≫

問

当社では、従業員等が職務を遂行するために出張した場合には、実際に要した交通費と宿泊費に加え、社内規定で定めた定額の日当等を支給しています。

日当等については特に領収書等を提出させていませんが、この場合の日当等については、どのように取り扱われるのでしょうか。

(答)

出張旅費等のうち、鉄道運賃や宿泊費等の主要な費用については、実費精算することも可能と考えられますが、食事その他の雑費的な費用に充てられるものとして支給されるいわゆる「日当等」のようなものについては、その個々の支出について精算することは実務的に困難です。

そこで、課税仕入れに該当する出張旅費等については、帳簿のみの保存で仕入税額控除を認めることとされています（消令49①一ニ、消規15の4二）。この場合、帳簿の記載については、通常必要な記載事項に加え、「帳簿のみの保存で仕入税額控除が認められるいずれかの仕入れである旨」を記載する必要がありますので、例えば「出張旅費等」と記載することになります。

ところで、令和8年9月30日までの免税事業者等からの課税仕入れについては、仕入税額相当額の80％を仕入税額とみなすこととされています（28年改正法附則52）。そうすると、実費精算の場合には、課税仕入れの相手方が免税事業者等か確認する必要があるのではないかとの疑問が生じます。この点、課税仕入れに該当する出張旅費等については、インボイス等の有無を確認する必要がなく、帳簿のみの保存

Ⅱ　仕入税額控除の要件としてのインボイスと帳簿の保存等

　で仕入税額控除が認められますので、従業員等が支出した費用の中に、仮に免税事業者等からの課税仕入れが含まれていたとしても、その全額が仕入税額控除の対象になると考えます。

≪派遣社員等や内定者等へ支払った出張旅費等の仕入税額控除≫

問

　当社では、派遣社員や出向社員が出張した際にも、自社で雇用している従業員と同様に旅費規程に基づき出張旅費を支払っています。この出張旅費については、派遣元企業や出向元企業を通じてその社員に支払われていますが、派遣元企業や出向元企業から請求書等の交付を受け、これを保存すれば仕入税額控除の適用を受けることができますか。

　また、内定者や採用面接者に対し、内定者説明会会場や面接会場までの交通費等を支給する場合の取扱いはどうなりますか。

(答)

i 派遣社員や出向社員に対して支払われる出張旅費等について

　派遣社員や出向社員（以下「派遣社員等」といいます。）に対して支払われる出張旅費等については、それぞれ次のとおり取り扱われます。

イ 派遣元企業等に支払うもの

　その出張旅費等が直接的に派遣社員等へ支払われるものではなく、派遣元企業や出向元企業（以下「派遣元企業等」といいます。）に支払われる場合、派遣先企業や出向先企業（以下「派遣先企業等」といいます。）においては、人材派遣等の役務の提供に係る対価として、仕入税額控除に当たり派遣元企業等から受領したインボイスの保存が必要となります。

ロ 派遣元企業等を通じて派遣社員等に支払うもの

　派遣元企業等がその出張旅費等を預かり、そのまま派遣社員等に支払われることが派遣契約や出向契約等において明らかにされている場合には、派遣先企業等において、出張旅費等特例の対象とすることができます。この場合、その出張旅費等に相当する金額について、派遣

Ⅱ 仕入税額控除の要件としてのインボイスと帳簿の保存等

元企業等においては立替払を行ったものとして課税仕入れには該当せず、仕入税額控除を行うことはできません。

ⅱ 内定者や採用面接者に対して支払われる交通費等について

　内定者のうち、企業との間で労働契約が成立していると認められる者に対して支給する交通費等については、通常必要であると認められる部分の金額について出張旅費等特例の対象とすることができます。

　なお、労働契約が成立していると認められるかどうかは、例えば、企業から採用内定通知を受け、入社誓約書等を提出している等の状況を踏まえて判断されることとなります。

　一方、採用面接者は通常、従業員等に該当しませんので、支給する交通費等について出張旅費等特例の対象にはなりません。

(注)1　出張旅費等特例の対象となる出張旅費等や交通費等（以下「旅費交通費等」といいます。）には、概算払によるもののほか、実費精算されるものも含まれます。なお、出張旅費等特例の対象とならない場合の派遣社員等、内定者又は採用面接者（以下「派遣社員・内定者等」といいます。）に対して支払われる旅費交通費等については、貴社がその旅費交通費等を派遣社員・内定者等を通じて公共交通機関（船舶、バス、鉄道又はモノレール）に直接支払っているものと同視し得る場合には、3万円未満の支払については、一定の事項を記載した帳簿のみの保存により仕入税額控除が認められます（公共交通機関特例）。

　　2　上記の出張旅費等特例や公共交通機関特例の対象にはならない旅費交通費等について仕入税額控除の適用を受けるには、派遣社員・内定者等が交付を受けた旅費交通費等に係るインボイス又は簡易インボイスの提出を受け、それを保存する必要があります

(宛名として派遣社員・内定者等の氏名が記載されている場合には、原則として、立替金精算書の保存も必要となります。)。

Ⅱ 仕入税額控除の要件としてのインボイスと帳簿の保存等

Ⅱ 仕入税額控除の要件としてのインボイスと帳簿の保存等

≪利用の際に回収されるタクシーチケットに係る仕入税額控除≫

問

　当社では、取引先の送迎等にクレジットカード会社が発行しているタクシーチケットを使用しています。

　このタクシーチケットは、タクシー事業者等が発行しているものとは異なり、クレジットカード利用明細書しか送られてこず、また、タクシーチケット自体は取引先等に手渡ししていることから、タクシーを利用した際に交付を受ける簡易インボイスの保存をすることもできません。この場合、当社が仕入税額控除の適用を受けるためにはどうすればいいですか。

(答)

　クレジットカード会社が発行しているタクシーチケットにつき、その使用された金額について仕入税額控除の適用を受けるためには、原則として、その使用に当たってタクシー事業者（そのタクシー事業者に係る事業者団体など、個々の契約等によりそのタクシー利用に係る課税売上げを計上すべきこととされている者を含みます。以下同じです。）から受領した簡易インボイスの保存が必要となります。

　ところで、簡易インボイスの記載事項（取引年月日を除きます。）が記載されている入場券等が使用の際に回収される取引（回収特例）については、簡易インボイスの保存が困難であることから、帳簿のみの保存により仕入税額控除の適用を受けることができることとされています（消令49①一ロ）。

　タクシーチケットについても、取引先等に手渡しされることが多く、簡易インボイスの保存が困難といった事情が考慮され、特別な取扱いが認められています。すなわち、受領したクレジットカード利用明細書及び次に掲げる資料に記載された内容等に基づき、利用されたタクシー事業者がインボイス発行事業者であることが確認できる場合には、

簡易インボイスの記載事項（取引年月日を除きます。）が記載されている証票が使用の際に回収される取引として、帳簿のみの保存により仕入税額控除の適用を受けることができることとされています。

- 利用されたタクシー事業者のホームページ
- クレジットカード会社のホームページ等に掲載されている利用可能タクシー一覧

　なお、インボイス発行事業者以外のタクシー事業者の利用であったことが確認された場合には、そのタクシー利用時に受領した領収書（未収書等）や、別途そのタクシー事業者から発行を受けた書類など、区分記載請求書の記載事項を満たした書類及び一定の事項を記載した帳簿の保存があれば、仕入税額相当額の一定割合（80％、50％）を仕入税額とみなして控除できる経過措置の適用を受けることができます（28年改正法附則52、53）。

(5) 「通勤手当特例」とは

　従業員等で通勤する者に支給する通勤手当のうち、通勤に通常必要と認められる部分の金額については、課税仕入れに係る支払対価の額として取り扱われます。この金額については、一定の事項を記載した帳簿のみの保存で仕入税額控除が認められます（消法30⑦、消令49①一ニ、消規15の4三）。

　なお、帳簿のみの保存で仕入税額控除が認められる「通勤者につき通常必要と認められる部分」については、通勤に通常必要と認められるものであればよく、所得税法施行令第20条の2《非課税とされる通勤手当》に定める非課税とされる通勤手当の金額を超えているかどうかは問いません（消基通11－6－5）。

Ⅱ 仕入税額控除の要件としてのインボイスと帳簿の保存等

(6) 帳簿の記載事項

帳簿のみの保存で仕入税額控除が認められる場合、帳簿の記載事項に関し、通常必要な記載事項に加え、次の事項の記載が必要となります。

イ 帳簿のみの保存で仕入税額控除が認められるいずれかの仕入れに該当する旨

　　例:「3万円未満の鉄道料金」←公共交通機関に該当する場合

　　　　「入場券等」←入場券等の簡易インボイスが回収される場合

(注) 金融機関の振込手数料については、ATMによる場合はインボイスの交付義務は免除されていますが、窓口及びネットバンキングによる場合には免除されていません。したがって、インボイスの交付義務が免除されている「ATM」による振込であることを帳簿に明らかにしておく必要があります。

ロ 仕入れの相手方の住所又は所在地

　　例:「〇〇施設　入場券」←3万円以上の入場券等が回収される場合

なお、帳簿に仕入れの相手方の住所又は所在地の記載が不要な課税仕入れは、次のとおりです（令和5年国税庁告示第26号）。

(イ) インボイスの交付義務が免除される3万円未満の公共交通機関（船舶、バス、鉄道又はモノレール）による旅客の運送

(ロ) 簡易インボイスの記載事項（取引年月日を除く。）が記載されている入場券等が使用の際に回収される取引のうち3万円未満のもの

(ハ) 古物営業、質屋営業又は宅地建物取引を営む者のインボイス発行事業者でない者からの古物、質物又は建物の取得（古物営業法、質屋営業法又は宅地建物取引業法により、業務に関する帳簿等へ相手

方の住所を記載することとされているもの以外に限る。)

㊁ インボイス発行事業者でない者からの再生資源又は再生品の購入(事業者以外の者からのものに限る。)

㋭ インボイスの交付義務が免除される３万円未満の自動販売機等からの商品の購入等

㋬ インボイスの交付義務が免除される郵便切手類のみを対価とする郵便サービス等（郵便ポストに差し出されたものに限る。)

㋣ 従業員等に支給する通常必要と認められる出張旅費等（出張旅費、宿泊費、日当及び通勤手当)

13 免税事業者等からの仕入れに係る経過措置

インボイス制度の下では、インボイス発行事業者以外の者（消費者、免税事業者又は登録を受けていない課税事業者をいい、以下**「免税事業者等」**といいます。）からの課税仕入れについては、仕入税額控除のために保存が必要な請求書等の交付を受けることができないことから、仕入税額控除を行うことができません（消法30⑦)。

ただし、激変緩和のため、インボイス制度開始から一定期間は、免税事業者等からの課税仕入れであっても、仕入税額相当額の一定割合を仕入税額とみなして控除できる経過措置が設けられています（以下**「80%・50%控除」**といいます。）(28年改正法附則52、53)。

80%・50%控除を適用できる期間等は、次のとおりです。

期　間	割　合
令和５年10月１日から令和８年９月30日まで	仕入税額相当額の80%
令和８年10月１日から令和11年９月30日まで	仕入税額相当額の50%

なお、この経過措置の適用を受けるためには、次の事項が記載され

Ⅱ 仕入税額控除の要件としてのインボイスと帳簿の保存等

た帳簿及び請求書等の保存が要件となります。

　また、令和6年10月1日以後に開始する課税期間からは、免税事業者等である一人又は一社からの課税仕入れの合計額（税込価額）が、個人事業者のその年又は法人のその事業年度で10億円を超える場合には、その超えた部分の課税仕入れについては、この経過措置の適用を受けることはできません。

(1) 帳簿の記載事項

区分記載請求書等保存方式の記載事項に加え、例えば「80％控除対象」など、80％・50％控除の適用を受ける課税仕入れである旨の記載が必要となります。

具体的には、次の事項となります。

① 課税仕入れの相手方の氏名又は名称
② 課税仕入れを行った年月日
③ 課税仕入れに係る資産又は役務の内容（課税仕入れが他の者から受けた軽減対象資産の譲渡等に係るものである場合には、資産の内容及び軽減対象資産の譲渡等に係るものである旨）及び経過措置の適用を受ける課税仕入れである旨
④ 課税仕入れに係る支払対価の額

(注) ③の「経過措置の適用を受ける課税仕入れである旨」の記載については、個々の取引ごとに「80％控除対象」、「免税事業者からの仕入れ」などと記載する方法のほか、例えば、この経過措置の適用対象となる取引に、「※」や「☆」といった記号・番号等を表示し、かつ、これらの記号・番号等が「経過措置の適用を受ける課税仕入れである旨」を別途「※（☆）は80％控除対象」などと表示する方法も認められます。

(2) 請求書等の記載事項

区分記載請求書等と同様の記載事項が必要となります（区分記載請求書等に記載すべき事項に係る電子データを含みます。）。

具体的には、次の事項となります。

① 書類の作成者の氏名又は名称
② 課税資産の譲渡等を行った年月日

Ⅱ　仕入税額控除の要件としてのインボイスと帳簿の保存等

　③　課税資産の譲渡等に係る資産又は役務の内容（課税資産の譲渡等が軽減対象資産の譲渡等である場合には、資産の内容及び軽減対象資産の譲渡等である旨）
　④　税率ごとに合計した課税資産の譲渡等の税込価額
　⑤　書類の交付を受ける事業者の氏名又は名称
　㊟　免税事業者等から受領した請求書等の内容について、③かっこ書きの「資産の内容及び軽減対象資産の譲渡等である旨」及び④の「税率ごとに合計した課税資産の譲渡等の税込価額」の記載がない場合に限り、受領者が自ら請求書等に追記して保存することが認められます。
　　なお、提供された請求書等に係る電子データを整然とした形式及び明瞭な状態で出力した書面に追記して保存している場合も同様に認められます。

> **重要点メモ！**
>
> ### 区分記載請求書等の電子データによる提供
>
> 　区分記載請求書等保存方式においては、仕入税額控除の適用を受けるために保存が必要な区分記載請求書等は、一定の事項が記載された「書類」をいうこととされ、電子データの保存は認められていませんでした。しかし、インボイス制度下において、この経過措置の適用を受けるために保存が必要な区分記載請求書等に代えて、その区分記載請求書等に記載すべき事項に係る電子データを保存している場合にも、この経過措置の対象とすることとされました（28年改正法附則52①、53①）。

≪インボイス発行事業者等からの課税仕入れへの80％・50％控除適用の可否≫

問

当社が交付を受けた請求書には、登録番号の記載のない請求書も含まれています。

この中には、インボイス発行事業者から交付を受けたものも含まれていますが、登録番号のない請求書等に係る課税仕入れについては、一律に、仕入税額相当額の一定割合（80％、50％）を仕入税額とみなして控除しても問題ありませんか。

（答）

免税事業者等からの課税仕入れであっても、インボイス制度開始から一定期間は、仕入税額相当額の一定割合を仕入税額とみなして控除することができる経過措置が設けられています（28年改正法附則52、53）。

この経過措置の適用は、取引の相手方が免税事業者等である場合に限りませんので、例えば、インボイス発行事業者から交付を受けた登録番号のない請求書等を含め、区分記載請求書等の記載事項を満たしたものの保存がある場合には、一律に、この経過措置の適用を受けても問題ありません。

14　一定規模以下の中小事業者の仕入税額控除の特例措置（少額特例）

(1)　少額特例の概要

インボイス制度が施行されると、少額な課税仕入れについて仕入税額控除を受けるための事務負担が確実に増加することに鑑み、一定規

Ⅱ　仕入税額控除の要件としてのインボイスと帳簿の保存等

模以下の事業者の事務負担を軽減するための措置が講じられています。具体的には、基準期間における課税売上高が１億円以下である事業者については、インボイス制度の施行から６年間（令和５年10月１日から令和11年９月30日までの間）、１回の取引で税込の金額が１万円未満の課税仕入れについては、インボイスの保存がなくとも、一定の事項が記載された帳簿のみの保存で仕入税額控除を認めることとされています（以下**「少額特例」**といいます。）（28年改正法附則53の２、改正令附則24の２①）。

また、３万円未満の公共交通機関による旅客の運送や３万円未満の自動販売機等からの商品の購入など、インボイスの交付を受けることが困難である取引等について、帳簿のみの保存により仕入税額控除の適用を受ける場合は、対象となる取引のいずれかに該当する旨及び課税仕入れの相手方の住所等を帳簿に記載しなければなりませんが（消令49①）、この少額特例の場合は、帳簿に「経過措置（少額特例）の適用がある旨」を記載する必要はありません。

なお、少額特例は、課税期間を単位として適用されるものではなく、取引ごとに適用されることとされています。したがって、例えば３月決算法人においては課税期間の途中であっても、令和11年10月１日以後の課税仕入れについては、インボイスの保存が必要となりますので注意が必要です。

(2)　適用対象となる課税期間の判定

適用対象は、上記(1)のとおり、基準期間における課税売上高が１億円以下である課税期間です。

なお、例えば、通常の課税売上高は１億円以下だが、固定資産を売却したなどの理由により、たまたま基準期間における課税売上高が１

億円を超えるというような場合も考えられます。このような場合でも、特定期間の課税売上高が5千万円以下であれば、少額特例の適用を受けることができます。ただし、この特定期間における5千万円の判定に当たっては、納税義務の免除の特例（消法9の2）に係る特定期間における1千万円の判定とは異なり、課税売上高に代えて給与支払額の合計額の判定によることはできません。

(注)　「特定期間」とは、個人事業者については前年1月から6月までの期間をいい、法人については前事業年度の開始の日以後6月の期間をいいます（消法9の2④）。

また、新たに設立した法人における基準期間のない課税期間については、特定期間の課税売上高が5千万円超となった場合であっても、その課税期間について少額特例の適用を受けることができます。

(3) 少額特例の判定単位

少額特例の判定単位は、課税仕入れに係る1商品ごとの金額により判定するのではなく、1回の取引の合計額が1万円未満であるかどうかにより判定することとなります。

基本的には、取引ごとに納品書や請求書といった書類等の交付又は提供を受けることが一般的であるため、そのような書類等の単位で判定し、月まとめ請求書のように複数の取引をまとめた単位により判定することにはなりません。

Ⅱ　仕入税額控除の要件としてのインボイスと帳簿の保存等

≪具体例≫

取引の内容	判定
① 5,000円の商品をXX月3日に購入、7,000円の商品をXX月10日に購入し、それぞれで請求・精算	それぞれ1万円未満の取引となり、少額特例の対象
② 1回8,000円のクリーニングをXX月2日に1回、XX月15日に1回行い、それぞれで請求・精算	
③ 5,000円の商品と7,000円の商品（合計額12,000円）を同時に購入	1万円以上の取引となり、少額特例の対象外
④ 月額100,000円の清掃業務（稼働日数：12日）	

　また、金融機関の振込手数料については、ATMでの振込はインボイスの交付義務が免除されているので（「自動販売機等特例」に該当）、帳簿のみの保存で仕入税額控除することができますが、窓口及びインターネットバンキングでの振込については、インボイスの保存が必要となります。ただし、この少額特例によって、基準期間における課税売上高が1億円以下である事業者については、6年間は、窓口及びインターネットバンキングでの振込についても、帳簿のみの保存で仕入税額控除することができるということになります。

(4) 免税事業者等からの仕入れに係る取扱い

　免税事業者等からの課税仕入れであっても、課税仕入れに係る支払対価の額（税込）が1万円未満であれば、少額特例の対象となります。

　なお、免税事業者等からの課税仕入れについては、インボイス制度開始から一定期間は、仕入税額相当額の一定割合（80％又は50％）を仕入税額とみなして控除できることとされています（28年改正法附則52①、53①）。しかし、少額特例の適用を受ける場合には、帳簿のみの保存で仕入税額控除することができ、課税仕入れの相手方から交付される請求書等がインボイスであるかどうかを確認する必要がなくな

りますので、仕入税額相当額の全額（100％）を仕入税額控除することができます（28年改正法附則53の２）。

(5) インボイス発行事業者（売手）の交付義務

　少額特例は、税込の金額が１万円未満の課税仕入れについて、インボイスの保存を不要とするものであり、インボイス発行事業者の交付義務が免除されるものではありませんので、売手であるインボイス発行事業者は、課税事業者から求められた場合にはインボイスを交付する義務があります。

III

インボイス発行事業者の交付義務と保存義務

Ⅲ　インボイス発行事業者の交付義務と保存義務

1　インボイスを交付する義務

　インボイス制度の下では、課税事業者が国内において行う課税仕入れについて仕入税額控除の適用を受けるためには、一定の事項が記載された帳簿及びインボイス等の保存が要件とされています。このため、インボイス制度が適切に機能するためには、課税仕入れを行った事業者がインボイスの交付を受けることができるよう、制度的な手当てが必要となります。

　そこで、インボイス発行事業者が、国内において課税資産の譲渡等を行った場合には、相手方（課税事業者に限ります。）からの求めに応じてインボイスを交付する義務が課されています。ただし、インボイス発行事業者が行う事業の性質上、インボイスを交付することが困難な一定の課税資産の譲渡等については、インボイスの交付義務が免除されています（消法57の4①）。

　また、標準税率の取引のみを行っている場合でも当然にインボイスの交付義務がありますが、交付するインボイスに「8％対象0円」といった記載をする必要はありません。これは、軽減税率の取引のみを行っている場合も同様です。

　なお、免税取引、非課税取引及び不課税取引については仕入税額控除の対象となりませんので、これらの取引のみを行った場合には、インボイスの交付義務は課されません。

　また、インボイスの交付に代えて、電子インボイスを提供することができます（消法57の4⑤）。

> **重要点メモ！**
> **インボイス発行事業者でなくなった後のインボイスの交付義務**
>
> 　登録を取り止めるなどして、インボイス発行事業者でなくなった後であっても、インボイス発行事業者であった間の交付義務は消滅しませんので、インボイス発行事業者であった課税期間において行った課税資産の譲渡等に係るものについては、引き続き、取引の相手方の求めに応じてインボイスを交付しなければなりません（消基通1-8-8）。

2　簡易インボイスを交付することができる事業

　簡易インボイスとは、その記載事項がインボイスよりも簡易なものとされており、インボイスの記載事項と比べると、「書類の交付を受ける事業者の氏名又は名称」の記載が不要とされ、「税率ごとに区分した消費税額等」又は「適用税率」のいずれか一方の記載で足りるものをいいます。

　インボイス発行事業者が、小売業に代表されるように、不特定かつ多数の者に課税資産の譲渡等を行う次の事業を行う場合には、インボイスに代えて、簡易インボイスを交付することができます（消法57の4②、消令70の11）。簡易インボイスで代替えできるかどうかは、課税資産の譲渡等ごとに判断するのではなく、事業ごとに判断することとなります。

Ⅲ　インボイス発行事業者の交付義務と保存義務

> ①　小売業　　②　飲食店業　　③　写真業　　④　旅行業
> ⑤　タクシー業
> ⑥　駐車場業（不特定かつ多数の者に対するものに限ります。）
> ⑦　その他これらの事業に準ずる事業で不特定かつ多数の者に資産の譲渡等を行う事業

　①から⑤までの事業については、「不特定かつ多数の者に対するもの」との限定はありませんので、これらの事業として行う課税資産の譲渡等は、その形態を問わず簡易インボイスを交付することができます。

　例えば、文房具の小売業を営んでいる店には、消費者のほかに事業者も顧客として来店しますが、たとえ相手方が事業者であったとしても、業態が小売業である以上、簡易インボイスの交付に代えることができます。

　また、簡易インボイスについても、その交付に代えて、簡易インボイスに係る電子データを提供することができます（消法57の4⑤）。

(1)　「不特定かつ多数の者に資産の譲渡等を行う事業」とは

　「不特定かつ多数の者に資産の譲渡等を行う事業」であるかどうかは、個々の事業の性質により判断しますので、資産の譲渡等を行う者が資産の譲渡等を行う際に相手方の氏名又は名称等を確認せず、取引条件等をあらかじめ提示して相手方を問わず広く資産の譲渡等を行うことが常態である事業がこれに該当します。

　例えば、インターネット通販は、配送や代金決済の関係から氏名などを確認することになります。また、航空機による旅客運送は、公共

交通機関特例に該当せずインボイスの交付義務が免除されませんから、インボイスの交付が必要となりますが、搭乗者の氏名などは航空会社が把握しています。このように、事業の性質上、事業者がその取引において氏名等を確認するものであったとしても、相手方を問わず広く一般を対象に資産の譲渡等を行っている事業（取引の相手方について資産の譲渡等を行うごとに特定することを必要とし、取引の相手方ごとに個別に行われる取引であることが常態である事業を除きます。）は、簡易インボイスを交付できる事業に該当します。

このほかにも、電車・バス・船舶による旅客の運送、高速道路料金、ホテル・旅館等の宿泊サービス、公衆浴場、映画館、クリーニングなどが、「不特定かつ多数の者に資産の譲渡等を行う事業」に該当します。

(2) 電気・ガス・水道水の供給など

通常の事業者間取引や、消費者を含めた多数の者に対して行う取引であったとしても、その相手方を一意に特定した上で契約を行い、その契約に係る取引の内容に応じて個々に課税資産の譲渡等を行うようなもの（電気・ガス・水道水の供給、電話料金など）は、一般的には、簡易インボイスを交付できる事業には当たりません。

(3) 消費者に限定したサービスの提供

提供するサービスについて、利用規約においてその対象を消費者に限定している場合で、実際に事業者による利用がない場合には、そもそもインボイスを交付する必要はありません。

ただし、実際にサービスの利用者に課税事業者がいて、インボイスの交付を求められた場合には、利用規約等にかかわらず、消費税法上、

Ⅲ インボイス発行事業者の交付義務と保存義務

その交付義務が生じることとなります。

　その際、提供するサービスが不特定かつ多数の者に資産の譲渡等を行う事業である場合には、インボイスに代えて簡易インボイスを交付することができます。

≪セミナーの参加者に簡易インボイスを交付することの可否≫

問

　当団体は、多数の会員を有する事業者団体で、定期的に会員の中から広く参加者を募ってセミナーを開いており、セミナー当日に参加者からその対価を徴収しています。参加者は毎回多数に上るため、参加費を徴収する際には「●●会会員様」という宛名を事前に印刷した領収書、あるいは宛名のない領収書を配布していますが、問題ありませんか。

(答)

　ご質問のセミナーについては、その参加者が貴団体の会員に限られ、一定の対象者に対して取引を行うものですが、相手方を一意に特定した上で開催されるものではなく、また、対象者も多数に上るものであることから、不特定かつ多数の者に資産の譲渡等を行う事業として、簡易インボイスの交付を行うことができる事業に該当します。

　簡易インボイスには、「書類の交付を受ける事業者の氏名又は名称」を記載する必要はありませんので、あらかじめ「●●会会員様」との宛名を印刷した領収書を簡易インボイスとして交付することも認められます。また、仮に宛名として会員名を記載した場合であっても、簡易インボイスであることには変わりませんので、消費税額等又は適用税率のいずれかの記載があれば問題ありません。

Ⅲ　インボイス発行事業者の交付義務と保存義務

3　電子インボイスの提供

　インボイス発行事業者は、国内において課税資産の譲渡等を行った場合に、相手方（課税事業者に限ります。）から求められたときは、インボイスを交付する義務がありますが、その交付に代えて、電子インボイス（インボイスの記載事項に係る電子データ）を提供することができます（消法57の4①⑤）。

　電子データによる提供方法としては、光ディスク、磁気テープ等の記録用の媒体による提供のほか、例えば、次の方法があります（消基通1－8－2）。

①　EDI取引における電子データの提供

　商取引に関連するデータを通信回線を介して、コンピュータ間で電子データにより交換する取引であるいわゆるEDI（Electronic Data Interchange）取引において、商品の受発注に係る請求データ等を提供するもの

②　電子メールによる電子データの提供

　電子メールにより、文書作成ソフトや表計算ソフト等により作成した請求書の電子データのほか、イメージデータ処理された請求書の電子データを提供するもの

③　インターネット上のサイトを通じた電子データの提供

　インターネット上のサイトを通じて取引に係る領収書等のイメージデータ等の電子データを提供するもの

(1)　書面と電子データによるインボイスの交付

　インボイスとは、一定の事項が記載された請求書、納品書等の書類をいいますが、一の書類のみで全ての記載事項を満たす必要はなく、

書類相互（書類と電子データ）の関連が明確であり、インボイスの交付対象となる取引内容を正確に認識できる方法で交付されていれば、複数の書類や、書類と電子データの全体により、インボイスの記載事項を満たすことになります（消基通1－8－2）。

　したがって、例えば、EDI取引を行っており、下記の≪記載例≫にあるとおり、受発注や納品などの日々の取引については取引先と電子データを交換し、請求書については登録番号等を記載して月まとめで書面により取引先に交付している場合でも、インボイスの記載事項を満たすことができます。この場合、課税資産の譲渡等の内容（軽減税率の対象である旨を含みます。）を含む請求明細（税率ごとに分けて作成します。）に係る電子データを提供した上で、それ以外の記載事項のある月まとめの請求書を交付することで、これら全体によりインボイスの記載事項を満たすことになります。

　なお、請求明細に係る電子データについては、提供した電子インボイスと同様の措置等を行い、保存する必要があります。

Ⅲ　インボイス発行事業者の交付義務と保存義務

≪記載例≫

○　請求書（書面で交付）　　　　○　請求明細（電子データで提供）

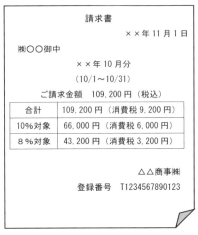
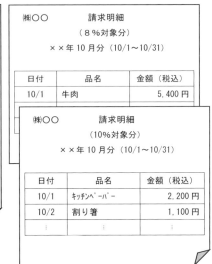

(2) 書面と電子データを合わせた仕入明細書

　仕入税額控除の要件として保存すべき請求書等には、相手方から確認を受けた一定の事項が記載された仕入明細書が含まれ、仕入明細書に係る電子データも含まれます（消法30⑨三、消令49④⑦）。

　また、保存が必要な請求書等の記載事項は、一の書類だけで満たす必要はなく、複数の書類や、書類と電子データについて、これらの書類（書類と電子データ）相互の関連が明確であり、インボイスの交付対象となる取引内容を正確に認識できる方法で交付されていれば、その複数の書類や電子データの全体によりインボイスの記載事項を満たすことができます。

　したがって、例えば、EDI取引を行っており、下記の≪記載例≫にあるとおり、仕入先と電子データを交換することにより日々の受発注を行い、決済に当たっては、買手から仕入先に月まとめで支払通知

書を書面で交付している場合でも、インボイスの記載事項を満たすことができます。この場合、課税資産の譲渡等の内容（軽減税率の対象である旨を含みます。）を記録した取引明細（税率ごとに分けて作成します。）に係る電子データと書面で作成する支払通知書の全体により、請求書等の記載事項を満たすため、書面で作成した支払通知書と取引明細に係る電子データを合わせて保存することで、買手においては、仕入税額控除のための請求書等の保存要件を満たすこととなります。

また、取引明細に係る電子データの保存方法は、提供を受けた電子インボイスの保存方法と同様となります（消令50①、消規15の5）。

≪記載例≫

4　インボイスの交付義務の免除

次に掲げる取引は、インボイス発行事業者が行う事業の性質上、インボイスを交付することが困難なため、インボイスの交付義務が免除

Ⅲ　インボイス発行事業者の交付義務と保存義務

されています（消法57の4①ただし書）。

(1) 3万円未満の公共交通機関による旅客の運送

　3万円未満の公共交通機関（船舶、バス、鉄道又はモノレール等）による旅客の運送（**公共交通機関特例**）は、インボイスの交付義務が免除されます（消令70の9②一）。

　詳しくは、P58を参照してください。

(2) 卸売市場を通じた生鮮食料品等の委託販売

　卸売市場法に規定する卸売市場において、同法に規定する卸売業者が卸売の業務として出荷者から委託を受けて行う同法に規定する生鮮食料品等の販売は、インボイスを交付することが困難な取引として、出荷者等から生鮮食料品等を購入した事業者に対するインボイスの交付義務が免除されています（消令70の9②二イ）。

　この特例の対象となる卸売市場とは、次のとおりです。
① 　農林水産大臣の認定を受けた中央卸売市場
② 　都道府県知事の認定を受けた地方卸売市場
③ 　①及び②に準ずる卸売市場として農林水産大臣が財務大臣と協議して定める基準を満たす卸売市場のうち農林水産大臣の確認を受けた卸売市場

≪農林水産大臣が財務大臣と協議して定める基準≫
・　生鮮食料品等（卸売市場法第2条第1項に規定する生鮮食料品等をいいます。次の基準についても同じ。）の卸売のために開設されていること
・　卸売場、自動車駐車場その他の生鮮食料品等の取引及び荷捌き

に必要な施設が設けられていること
- 継続して開場されていること
- 売買取引の方法その他の市場の業務に関する事項及び当該事項を遵守させるための措置に関する事項を内容とする規程が定められていること
- 卸売市場法第2条第4項に規定する卸売をする業務のうち販売の委託を受けて行われるものと買い受けて行われるものが区別して管理されていること

なお、この場合において、生鮮食料品等を購入した事業者は、卸売の業務を行う事業者など媒介又は取次ぎに係る業務を行う者が作成する一定の書類を保存することが仕入税額控除の要件となります。

(3) 農業協同組合等を通じた農林水産物の委託販売

農業協同組合法に規定する農業協同組合や農事組合法人、水産業協同組合法に規定する水産業協同組合、森林組合法に規定する森林組合及び中小企業等協同組合法に規定する事業協同組合や協同組合連合会（以下これらを併せて**「農協等」**といいます。）の組合員その他の構成員が、農協等に対して、無条件委託方式かつ共同計算方式により販売を委託した農林水産物の販売（その農林水産物の譲渡を行う者を特定せずに行うものに限ります。）は、インボイスを交付することが困難な取引として、組合員等から購入者に対するインボイスの交付義務が免除されます（消令70の9②二ロ）。

なお、無条件委託方式及び共同計算方式とは、それぞれ次のものをいいます（消規26の5②）。

① 「無条件委託方式」とは、出荷した農林水産物について、売値、出荷時期、出荷先等の条件を付けずに、その販売を委託することを

Ⅲ　インボイス発行事業者の交付義務と保存義務

いいます。

② 「共同計算方式」とは、一定の期間における農林水産物の譲渡に係る対価の額をその農林水産物の種類、品質、等級その他の区分ごとに平均した価格をもって算出した金額を基礎として精算することをいいます。

また、この場合において、農林水産物を購入した事業者は、農協等が作成する一定の書類を保存することが仕入税額控除の要件となります。

(4)　自動販売機等により行われる商品の販売等

3万円未満の自動販売機や自動サービス機による商品の販売等は、インボイスの交付義務が免除されます（消令70の9②三、消規26の6一）(**自動販売機等特例**)。

詳しくは、P72を参照してください。

(5)　郵便・貨物サービス

郵便切手類のみを対価とする郵便・貨物サービス（郵便ポストに差し出されたものに限ります。）は、インボイスの交付義務が免除されます（消令70の9②三、消規26の6二）(**郵便サービス等特例**)。

5　返還インボイスの交付義務とその免除

(1)　返還インボイスの交付義務

買手である課税事業者は、交付を受けたインボイスに基づき仕入控除税額の計算を行いますので、交付したインボイスに係る取引について値引き等をした場合には、その旨を買手に知らせる必要があります。

そこで、インボイス発行事業者には、課税事業者に返品や値引き等の売上げに係る対価の返還等を行う場合、返還インボイスの交付義務が課されています（消法57の4③）。また、返還インボイスの交付に代えて、返還インボイスに係る電磁的記録を提供することができます（消法57の4⑤）。

なお、インボイスは、相手方から交付を求められたときに交付義務が課されますが、返還インボイスは、売上げに係る対価の返還等を行えば、相手方からの交付の求めがなくとも交付義務が課されています。

また、インボイス発行事業者の登録前に販売した商品については、そもそも交付されたインボイス等は存在しませんので、この商品に係る返品や値引きについては、返還インボイスの交付義務はありません（消基通1－8－18）。

> **重要点メモ！**
>
> ### インボイス発行事業者でなくなった後の返還インボイスの交付義務
>
> 登録を取り止めるなどにより、インボイス発行事業者でなくなった後であっても、インボイス発行事業者であった課税期間において行った課税資産の譲渡等に係るものについては、当初交付したインボイスに係るものですので、返還インボイスを交付しなければなりません（消基通1－8－19）。
>
> ### 売上対価の返還等をした場合の消費税額の控除
>
> 課税事業者が国内において行った課税資産の譲渡等（輸出免税等を除きます。）につき、売上げに係る対価の返還等をした場合には、その対価の返還等をした日の属する課税期間の課税標準額に対する消費税額からその対価の返還等に係る消費税額の合計額を控除することとされています（消法38①）。
>
> この控除を受けるためには、売上げに係る対価の返還等をした明細を記録した帳簿を保存しなければなりませんが（消法38②）、返還インボイスを交付すること自体が要件ではありません。

Ⅲ　インボイス発行事業者の交付義務と保存義務

(2) 返還インボイスの交付義務の免除

　返還インボイスは、交付したインボイスに係る取引について値引き等をした場合に交付義務が課されるものですから、インボイスの交付義務が免除される取引については、返還インボイスの交付義務も免除されます（消法57の4③ただし書、消令70の9③一）。

　返還インボイスの交付義務が免除される取引は、次のとおりです。

① 　3万円未満の公共交通機関（船舶、バス、鉄道又はモノレール等）による旅客の運送

② 　出荷者等が卸売市場において行う生鮮食料品等の販売（出荷者から委託を受けた受託者が卸売の業務として行うものに限ります。）

③ 　生産者が農業協同組合、漁業協同組合又は森林組合等に委託して行う農林水産物の販売（無条件委託方式かつ共同計算方式により生産者を特定せずに行うものに限ります。）

④ 　3万円未満の自動販売機及び自動サービス機により行われる商品の販売等

⑤ 　郵便切手類のみを対価とする郵便・貨物サービス（郵便ポストに差し出されたものに限ります。）

(3) 少額な返還インボイスの交付義務の免除

　上記(2)とは別に、売上げに係る対価の返還等に係る税込価額が1万円未満である場合には、返還インボイスの交付義務が免除されます（消法57の4③ただし書、消令70の9③二）。

　売上げに係る対価の返還等とは、事業者の行った課税資産の譲渡等に関し、返品を受け又は値引き若しくは割戻しをしたことにより、売上金額の全部若しくは一部の返還又はその売上げに係る売掛金等の債権の額の全部若しくは一部の減額を行うことをいいます（消法38①）。

したがって、このような売上金額の返還や債権の減額の金額が1万円未満であれば、返還インボイスの交付義務が免除されることとなります。

　この1万円未満かどうかの判定は、課税資産の譲渡等に係る一の商品（役務）ごとの対価の返還等の金額によるのではなく、1回の取引の課税資産の譲渡等に係る税込価額の返還金額又はその税込価額に係る売掛金その他の債権の額の減少金額が1万円未満かどうかで判定します（消基通1－8－17）。

　また、値引き等の金額に標準税率（10％）が適用されたものと軽減税率（8％）が適用されたものの両方が含まれている場合でも、適用税率ごとの値引き等の金額により判定するのではなく、返還した金額や値引き等の対象となる請求や債権の単位ごとの減額金額により判定することとなります。

> **重要点メモ！**
> **1万円未満かどうかの具体例**
> ① 330,000円の請求に対し、買主は窓口での振込手数料相当額770円を差し引いて329,230円を振り込み、振込手数料相当額については売上対価の返還等として処理
>   ⇒　返還インボイスの交付義務は免除される
> ② 550,000円の請求に対し、1商品当たり220円のリベートを後日受領（合計220円×100個＝22,000円）
>   ⇒　返還インボイスの交付義務は免除されない

Ⅲ インボイス発行事業者の交付義務と保存義務

≪売手が負担する振込手数料相当額≫

問

　当社(売手)では、買手からの代金振込について、お互いの合意の下で振込手数料相当額が請求金額から差し引かれて支払われています。

　この売手が負担する振込手数料相当額について、売手が代金請求の際に既にインボイスを交付している場合に、必要となる対応を教えてください。

(答)

　売上代金の決済の際に、買手が振込手数料相当額を差し引いて、売手に代金を振り込むことが商慣行となっている場合があります。この振込手数料相当額の処理については、契約関係等により次の3つの方法があります。

≪参考図≫

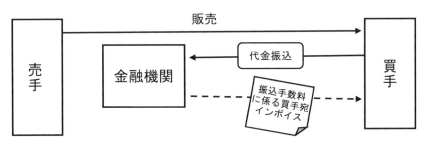

ⅰ　売手において振込手数料相当額を売上値引きとして処理する方法

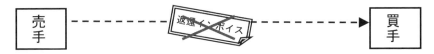

　この方法による場合には、売手には、買手に対する返還インボイスの交付義務が生じますが、振込手数料は通常1万円未満ですから、そ

の交付義務が免除されるということになります（消法57の4③、消令70の9③二）。

　なお、売手が買手に対して売上げに係る対価の返還等を行った場合の適用税率は、売上げに係る対価の返還等の基となる課税資産の譲渡等の適用税率に従います。そのため、軽減税率（8％）対象の課税資産の譲渡等を対象とした振込手数料相当額の売上値引きには、軽減税率（8％）が適用されます。

　また、売手が振込手数料相当額を会計上は支払手数料として処理し、消費税法上は対価の返還等として取り扱うことも認められます。この場合には、対価の返還等の基となった適用税率（判然としない場合には合理的に区分）による必要があります。

(注)　帳簿上、支払手数料として処理していたとしても、その支払手数料を対価の返還等として取り扱うことが要件設定やコード表、消費税申告の際に作成する帳票等により明らかであれば問題ありません。

　なお、売手は、売上対価の返還等に係る消費税額の控除を受けるためには、その明細を帳簿に記録し、保存しておく必要があります（消法38②）。

ⅱ　売手の課税仕入れとして処理する方法（買手が売手のために振込手数料を立替払したものとする場合）

　この方法による場合には、その振込手数料相当額について、売手が仕入税額控除することとなりますが、そのためにはインボイスの保存

Ⅲ　インボイス発行事業者の交付義務と保存義務

が要件となります。しかし、金融機関が発行する振込手数料に係る買手宛のインボイスをそのまま受領したとしても、これをもって、金融機関から売手に交付されたインボイスとすることはできません。このような場合には、買手が振込手数料を立替払いしたものとして、買手から立替金精算書等の交付を受けるなどにより、振込手数料の支払先である金融機関から行った課税仕入れが売手のものであることを明らかにし、そのインボイスと立替金精算書等の保存をもって、売手は金融機関からの課税仕入れに係る請求書等の保存要件を満たすこととなります（消基通11－6－2）。

㊟　この場合、買手が請求金額から差し引く金額が金融機関の振込手数料と同額である必要があります。

ⅲ　売手の課税仕入れとして処理する方法（売手が買手から「代金決済上の役務提供（支払方法の指定に係る便宜）」を受けた対価とする場合）

　売手の買手に対する課税資産の譲渡等と、買手の売手に対する代金決済上の役務の提供は、それぞれ異なる課税資産の譲渡等となります。
　したがって、売手は、請求金額から差し引かれた振込手数料相当額について、仕入税額控除の適用を受けるためには、買手から交付を受けたインボイスの保存が必要となります。
　なお、売手は、請求金額から差し引かれた振込手数料相当額につい

て、仕入明細書等を作成し、買手の確認を受けて仕入税額控除を行うこともできます（消法30⑨三）。

　事務処理の煩雑さ回避の観点や、売手が簡易課税制度を選択していたとした場合を踏まえると、ⅰの方法で処理するのが現実的と考えます。

Ⅲ　インボイス発行事業者の交付義務と保存義務

6　修正インボイスの交付義務

　インボイス発行事業者は、交付したインボイスの記載事項又は提供した電子インボイスの記録事項に誤りがあったときは、買手である課税事業者に対して、修正インボイスを交付する又は修正した電子インボイスを提供する義務があります（消法57の4④⑤）。

　これらの交付（提供）方法は、例えば、
① 　誤りがあった事項を修正し、改めて記載事項の全てを記載したものを交付（提供）する方法
② 　当初に交付したものとの関連性を明らかにし、修正した事項を明示したものを交付（提供）する方法
などが考えられます。

　なお、簡易インボイス、返還インボイスの記載事項に誤りがあったときについても同様です。

7　インボイスの写し等を保存する義務

　インボイス発行事業者には、交付したインボイスの写し又は提供した電子インボイスの保存義務があります（消法57の4⑥）。

　このインボイスの写しや電子インボイスについては、交付した日又は提供した日の属する課税期間の末日の翌日から2月を経過した日から7年間、納税地又はその取引に係る事務所、事業所その他これらに準ずるものの所在地に保存しなければなりません（消令70の13①）。

　簡易インボイス、返還インボイス及び修正インボイスについても同様です。

> **重要点メモ！**
>
> ### 「交付したインボイスの写し」とは
>
> 　保存が義務付けられている「交付したインボイスの写し」とは、交付した書類そのものを複写したものに限られると考える向きもありますが、それに限られるわけではありません。
> 　したがって、そのインボイスの記載事項が確認できる程度の記載がされているものもこれに含まれますので、例えば、簡易インボイスに係るレジのジャーナル、複数のインボイスの記載事項に係る一覧表や明細表などの保存があれば足りることとなります。

(1) 提供した電子インボイスの保存

　提供した電子インボイスについては、「電子データのまま」又は「紙に印刷して」、その提供した日の属する課税期間の末日の翌日から2月を経過した日から7年間、納税地又はその取引に係る事務所、事業所その他これらに準ずるものの所在地に保存しなければなりません（消法57の4⑥、消令70の13①、消規26の8）。

　また、その電子データをそのまま保存しようとするときには、以下の措置を講じる必要があります（消規26の8①）。

① 次のイからニのいずれかの措置を行うこと

イ　電子インボイスにタイムスタンプを付し、その電子データを提供すること（電帳規4①一）

ロ　次に掲げる方法のいずれかにより、タイムスタンプを付すこと（電帳規4①二）

・電子インボイスの提供後、速やかにタイムスタンプを付すこと

・電子インボイスの提供からタイムスタンプを付すまでの各事務の処理に関する規程を定めている場合において、その業務の処理に係る通常の期間を経過した後、速やかにタイムスタンプを付すこと

Ⅲ　インボイス発行事業者の交付義務と保存義務

　ハ　電子インボイスの記録事項について、次のいずれかの要件を満たす電子計算機処理システムを使用して電子インボイスの提供及びその電子データを保存すること（電帳規４①三）

　　・　訂正又は削除を行った場合には、その事実及び内容を確認することができること

　　・　訂正又は削除することができないこと

　ニ　電子インボイスの記録事項について正当な理由がない訂正及び削除の防止に関する事務処理の規程を定め、その規程に沿った運用を行い、その電子データの保存に併せてその規程の備付けを行うこと（電帳規４①四）

②　電子インボイスの保存等に併せて、システム概要書の備付けを行うこと（電帳規２②一、⑥六、４①）

③　電子インボイスの保存等をする場所に、その電子データの電子計算機処理の用に供することができる電子計算機、プログラム、ディスプレイ及びプリンタ並びにこれらの操作説明書を備え付け、その電子データをディスプレイの画面及び書面に、整然とした形式及び明瞭な状態で、速やかに出力できるようにしておくこと（電帳規２②二、４①）

④　電子インボイスについて、次の要件を満たす検索機能を確保しておくこと（電帳規２⑥五、４①）

　　ⅰ　取引年月日その他の日付、取引金額及び取引先を検索条件として設定できること

　　ⅱ　日付又は金額に係る記録項目については、その範囲を指定して条件を設定することができること

　　ⅲ　二以上の任意の記録項目を組み合わせて条件を設定できること

　（注）　国税に関する法律の規定による電磁的記録の提示又は提出の要

求に応じることができるようにしているときは、ⅱ及びⅲの要件が不要となります。また、その電磁的記録の提示又は提出の要求に応じることができるようにしている場合で、かつ、その判定期間に係る基準期間における売上高が5,000万円以下の事業者であるとき又は国税に関する法律の規定による電子データの出力書面（整然とした形式及び明瞭な状態で出力され、取引年月日その他の日付及び取引先ごとに整理されたものに限ります。）の提示又は提出の要求に応じることができるようにしているときは検索機能の全てが不要となります。

他方、電子データを紙に印刷して保存しようとするときには、整然とした形式及び明瞭な状態で出力する必要があります（消規26の8②）。

> **重要点メモ！**
> **「整然とした形式及び明瞭な状態」とは**
>
> 「整然とした形式及び明瞭な状態」とは、書面により作成される場合の帳簿書類に準じた規則性を有する形式で出力され、かつ、出力される文字を容易に識別することができる状態をいい、一般的には、記録項目の名称とその記録内容の関連付けが明らかであるなど、書面の帳簿書類に準じた規則性をもった出力形式と、容易に識別することができる程度の文字間隔、文字ポイント及び文字濃度をもった出力状態が確保される必要があります。
> 例えば、日付や内容に規則性なく出力されていたり、出力した書面の文字が薄くて読み取れないような場合は、「整然とした形式及び明瞭な状態」で出力したことには該当しません。

(2) インボイスの写しの電子データによる保存

自己の業務システムで作成したインボイスを書面で出力し、これを取引先に交付している場合、書面で交付したインボイスの写しとして、このシステムで作成したデータを保存することも認められます。

こうした国税に関する法律の規定により保存が義務付けられている

Ⅲ インボイス発行事業者の交付義務と保存義務

書類で、自己が一貫して電子計算機を使用して作成したものについては、電帳法に基づき、電子データによる保存をもって書類の保存に代えることができることとされています（電帳法4②）。

なお、作成したデータでの保存に当たっては、次の要件を満たす必要があります。

① インボイスに係る電子データの保存等に併せて、システム関係書類等（システム概要書、システム仕様書、操作説明書、事務処理マニュアル等）の備付けを行うこと（電帳規2②一、③）

② インボイスに係る電子データの保存等をする場所に、その電子データの電子計算機処理の用に供することができる電子計算機、プログラム、ディスプレイ及びプリンタ並びにこれらの操作説明書を備え付け、その電子データをディスプレイの画面及び書面に、整然とした形式及び明瞭な状態で、速やかに出力できるようにしておくこと（電帳規2②二、③）

③ 国税に関する法律の規定によるインボイスに係る電子データの提示若しくは提出の要求に応じることができるようにしておくこと又はインボイスに係る電子データについて、次の要件を満たす検索機能を確保しておくこと（電帳規2②三、③）

・ 取引年月日、その他の日付を検索条件として設定できること

・ 日付に係る記録項目は、その範囲を指定して条件を設定することができること

(注) 複数のインボイスの記載事項に係る一覧表等をインボイスの写しとして電子データにより保存する場合には、消費税法上は、必ずしも交付したインボイスとして出力する必要はなく、上記①～③の要件を満たしたこの一覧表等の電子データを保存することで問題ありません。

(3) 電子インボイスの出力（印刷）する事項

　提供した電子インボイスを紙に印刷して保存しようとするときには、整然とした形式及び明瞭な状態で出力する必要がありますが、その電子データがXML形式等の取引情報に関する文字の羅列である場合でも、請求書等のフォーマットなどにより視覚的に確認・出力されるものについては、保存要件を満たすこととなります。

　具体的には、以下の出力（印刷）イメージのようにインボイスであることが視覚的に確認でき、内容が記載事項のどの項目を示しているか認識できるものであれば、消費税法上は、必ずしもインボイスの記載事項を示す文言（「取引年月日」や「課税資産の譲渡等の税抜価額又は税込価額を税率ごとに区分して合計した金額」という文言など）が必要となるわけではありません。

　なお、電帳法においては、「取引情報（取引に関して受領し、又は交付する注文書、契約書、送り状、領収書、見積書その他これらに準ずる書類に通常記載される事項）に係る電子データ」を保存する必要があり（電帳法２五、７）、この電子データをディスプレイの画面及び書面に、整然とした形式及び明瞭な状態で、速やかに出力することができるようにしておく必要があります（電帳規４①柱書、２②二）。

　したがって、原則としては、授受した電子データの内容に含まれる「通常記載される事項」は全て出力（表示）することができる必要がありますが、その記載事項（金額等）が一見して何を表しているかが明らかである場合には、その記載事項に係る項目が出力されていなくても問題ありません。

　ただし、授受した「通常記載される事項」に係る電子データについては、要件を満たして保存を行う必要があります。

Ⅲ インボイス発行事業者の交付義務と保存義務

≪出力（印刷）イメージ≫

```
㈱○○ 御中                    XX 年 11 月 30 日
                               △△商事㈱
                               登録番号 T123…
                                        54,800
   XX/11/1   ビール      課 10%     30,000
   XX/11/1   缶詰        軽 8%       8,000
   XX/11/9   ビール      課 10%     10,000
   XX/11/9   缶詰        軽 8%       2,000
   請求時消費税（10%）               4,000
   請求時消費税（8%）                  800
   課税 10%     税込額              44,000
   内消費税                          4,000
   課税 8%      税込額              10,800
   内消費税                            800
```

(4) PDF形式の電子インボイスを提供した場合の保存

　PDF形式の電子インボイスを提供した場合、保存する電子データは、必ずしも相手方に提供した電子データそのものに限られるわけではなく、取引内容が変更されるおそれのない合理的な方法により編集された電子データにより保存することもできます。

　この場合、例えば、データベースからフォーマットに出力してPDF形式の請求書を作成するといった、そのPDF形式がXML形式の電子データから取引内容が変更されるおそれがなく、合理的な方法により編集されたものであれば、PDF形式の基となったXML形式の電子データを保存することでも構いません。

　なお、その電子データの保存に当たっては、相手方に提供したPDF形式として出力できるなど、整然とした形式及び明瞭な状態でディスプレイ等に出力できるようにしておく必要があります。

8 取引の形態や慣行に配慮したインボイスの交付等

　インボイス発行事業者には、課税資産の譲渡等を行った場合、取引の相手方である課税事業者からの求めに応じてインボイスを交付する義務があります（消法57の4①）。しかし、売手と買手が直接対面しないで行われる取引や、売手が誰であるかを買手に明らかにせず、媒介者等の名において売手に代わって請求書を交付するといった慣行が定着している取引もあります。

　このようなことを踏まえ、インボイスの交付については、取引の慣行に配慮した交付方法が認められています。

(1) 代理交付

　委託販売の場合、購入者に対して課税資産の譲渡等を行っているのは、委託者ですから、本来、委託者が購入者に対してインボイスを交付しなければなりません。

　しかし、購入者と直接対面するのは受託者ですから、このような場合、受託者が委託者を代理して、委託者の氏名又は名称及び登録番号を記載した委託者のインボイスを、相手方に交付することも認められます（以下**「代理交付」**といいます。）。

　なお、委託者はインボイス発行事業者である必要がありますが、受託者はインボイス発行事業者でなくても構いません。

　また、複数の委託者から委託を受け、それらの委託者に係る商品を一の取引先に販売した場合に1枚のインボイスにより対応することもできますが、委託者ごとに必要事項を記載して、消費税額等の端数処理についても委託者ごとに行う必要があります。

Ⅲ　インボイス発行事業者の交付義務と保存義務

《参考図》

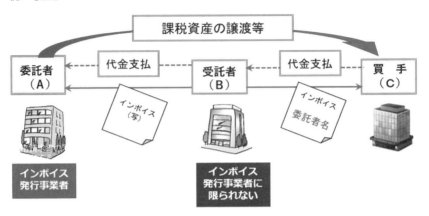

【参考】

≪代理交付により複数の委託者の取引を記載して交付する場合の記載例≫

　受託者（代理人）が複数の委託者（被代理人）の取引について代理してインボイスを交付する場合は、各委託者の氏名又は名称及び登録番号を記載する必要があります。

　また、複数の委託者の取引を一括して請求書に記載して交付する場合、委託者ごとに課税資産の譲渡等の税抜価額又は税込価額を記載し、消費税額等も委託者ごとに計算して端数処理を行わなければなりません。

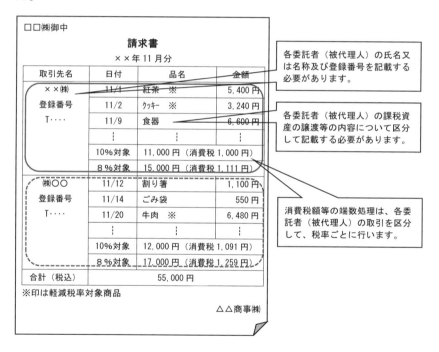

(2) 媒介者交付特例

　次の①及び②の要件を満たすことにより、媒介又は取次ぎを行う者

Ⅲ　インボイス発行事業者の交付義務と保存義務

である媒介者が、委託者の課税資産の譲渡等について、自己（媒介者）の氏名又は名称及び登録番号を記載したインボイス又は電子インボイスを、委託者に代わって、購入者に交付し又は提供することができます（消法57の4⑦、消令70の12）（以下「**媒介者交付特例**」といいます。）。

≪媒介者交付特例の要件≫
① 　委託者及び媒介者がインボイス発行事業者であること
② 　委託者が媒介者に、自己がインボイス発行事業者の登録を受けている旨を取引前までに通知していること（通知の方法としては、個々の取引の都度、事前に登録番号を書面等により通知する方法のほか、例えば、基本契約書等に委託者の登録番号を記載する方法などがあります（消基通1-8-10）。）

なお、媒介者交付特例を適用する場合における媒介者の対応及び委託者の対応は、次のとおりです。

【媒介者の対応】（消令70の12①③）
① 　交付したインボイスの写し又は提供した電子インボイスを保存する。
② 　交付したインボイスの写し又は提供した電子インボイスを速やかに委託者に交付又は提供する。

【委託者の対応】（消令70の12④）
① 　自己がインボイス発行事業者でなくなった場合、その旨を速やかに媒介者に通知する。
② 　委託者の課税資産の譲渡等について、媒介者が委託者に代わってインボイスを交付していることから、委託者においても、媒介者から交付されたインボイスの写しを保存する。

《参考図1》

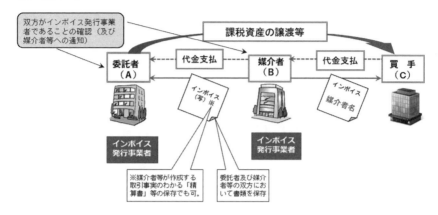

　この媒介者交付特例は、物の販売などを委託し、媒介者が購入者に商品を販売しているような取引だけではなく、請求書の発行事務や集金事務といった商品の販売等に付随する行為のみを委託しているような場合も対象となります（消基通1－8－9）。

《参考図2》

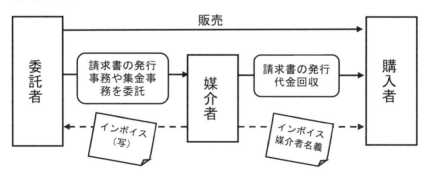

　また、不動産の賃貸借契約において、貸主が建物の管理と家賃の集金事務だけを管理会社に委託している場合でも、管理会社が貸主に代わって、自己の氏名又は名称及び登録番号を記載したインボイス又は

Ⅲ　インボイス発行事業者の交付義務と保存義務

電子インボイスを借主に交付し又は提供することができます。

《参考図3》

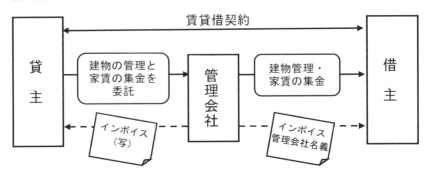

　なお、委託者に交付するインボイスの写しについては、例えば、複数の委託者の商品を販売した場合や、多数の購入者に対して日々インボイスを交付する場合などで、コピーが大量になるなど、インボイスの写しそのものを交付することが困難な場合には、インボイスの写しと相互の関連が明確な精算書等の書類等を交付することで構いませんが、この場合には、媒介者においても交付したその精算書等の写しを保存する必要があります（消基通1－8－11）。

　また、精算書等の書類等には、インボイスの記載事項のうち、「課税資産の譲渡等の税抜価額又は税込価額を税率ごとに区分して合計した金額及び適用税率」や「税率ごとに区分した消費税額等」など、委託者の売上税額の計算に必要な一定事項を記載する必要があります。

≪精算書の記載例≫

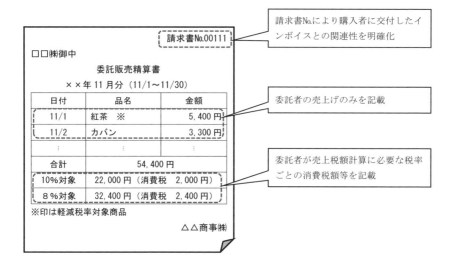

> 請求書№.により購入者に交付したインボイスとの関連性を明確化

> 委託者の売上げのみを記載

> 委託者が売上税額計算に必要な税率ごとの消費税額等を記載

重要点メモ！

「代理交付」と「媒介者交付特例」の違い

「代理交付」と「媒介者交付特例」はよく似ていますが、次の点で違いがありますので、注意が必要です。

① 媒介者（受託者）について、代理交付の場合はインボイス発行事業者である必要はないが、媒介者交付特例の場合はインボイス発行事業者であることが要件となる。

② 購入者に交付するインボイスに記載する「氏名又は名称及び登録番号」は、代理交付の場合は委託者のものとなるが、媒介者交付特例の場合は媒介者（受託者）のものとなる。

Ⅲ　インボイス発行事業者の交付義務と保存義務

≪媒介者交付特例における消費税額等の端数処理≫

問

　当社は食品や日用雑貨の受託販売を行っており、一つの売上先に対して、複数の取引先（委託者）の商品の販売を行うことがありますが、媒介者交付特例により、売上先に対しては１枚にまとめたインボイスを交付し、各委託者には、インボイスの写しに替えてそれぞれの精算書等を交付することとしています。
　この場合、端数処理の関係で、インボイスに記載する消費税額等とそれぞれの精算書等に記載する消費税額等の合計額が一致しない場合があったり、委託者の中には免税事業者もいたりしますが、問題ありませんか。

(答)

　ご質問のように、この媒介者交付特例を適用して複数の委託者に係る商品を一つの売上先に販売した場合であっても、１枚のインボイスにまとめて交付を行うことができますが、インボイスの記載事項である「課税資産の譲渡等の税抜価額又は税込価額」は委託者ごとに記載し、「消費税額等」の端数処理についても委託者ごとに行うことが原則となります。

　ただし、受託者が交付するインボイスを単位として、複数の委託者の取引を一括して記載し、消費税額等の端数処理を行うこともできます。この場合において、受託者が各委託者にインボイスの写しに替えて交付する精算書等に記載する消費税額等の合計額と、売上先に交付したインボイスに記載した消費税額等とが必ずしも一致しないことも生じますが、各委託者の税込対価の合計額から消費税額等を計算するなど、合理的な方法によることとしている場合には、その処理は認められます。

　また、委託者の中にインボイス発行事業者とそれ以外の者が混在し

ていたとしても、インボイス発行事業者とそれ以外の者とに区分することにより、インボイス発行事業者に係るもののみをインボイスとすることができます。

≪各委託者の取引を1枚のインボイスにまとめて交付する場合の記載例≫

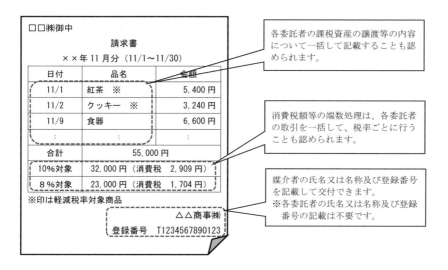

Ⅲ インボイス発行事業者の交付義務と保存義務

≪媒介者が委託者にインボイスの写しとして交付する書類(精算書)の記載例(一括記載の場合)≫

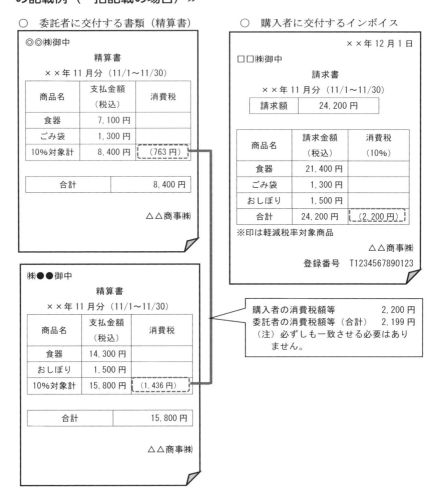

(3) 公売特例

　国税等の滞納者である事業者の財産を公売等の強制換価手続により売却する場合には、消費税法上、滞納者から買受人への資産の譲渡等に該当します。このため、本来であれば、インボイス発行事業者である滞納者がインボイスを交付し、買受人がこのインボイスを保存することで、買受人は仕入税額控除することができます。しかし、このような強制換価手続において、買受人がインボイス発行事業者である滞納者からインボイスの交付を直接受けることや、媒介者交付特例により執行機関が滞納者に代わってインボイスを交付するために、滞納者からインボイス発行事業者の登録を受けている旨の通知を受けることは、困難であると考えられます。

　そこで、インボイス発行事業者が、強制換価手続により執行機関を介して国内において課税資産の譲渡等を行う場合には、その執行機関は、その課税資産の譲渡等を受ける他の者に対し、「インボイス発行事業者の氏名又は名称及び登録番号」の記載に代えて「その執行機関の名称及び本件特例の適用を受ける旨（「公売特例によるインボイスの交付」など）」を記載したインボイス又は電子インボイスを交付し又は提供することができることとされています（消令70の12⑤）。

　また、この場合、その執行機関は、強制換価手続を受ける事業者からインボイス発行事業者の登録を受けている旨の通知を受ける必要はありませんが、交付したインボイスの写しの保存及び事業者への交付は媒介者交付特例と同様に必要となります（消令70の12②③⑤⑥）。

　なお、その執行機関は、インボイス発行事業者である必要はありません。

Ⅲ インボイス発行事業者の交付義務と保存義務

(4) 任意組合等に係る事業のインボイスの交付

次に掲げる者（以下「**任意組合等**」といいます。）が事業として行う課税資産の譲渡等については、その組合員の全てがインボイス発行事業者であり、民法第670条第3項に規定する業務執行者などの業務執行組合員が、納税地を所轄する税務署長に「任意組合等の組合員の全てが適格請求書発行事業者である旨の届出書」を提出した場合に限り、インボイスを交付することができます（消法57の6①、消令70の14①②）。

イ　民法第667条第1項に規定する組合契約によって成立する組合
ロ　投資事業有限責任組合契約に関する法律第2条第2項に規定する投資事業有限責任組合
ハ　有限責任事業組合契約に関する法律第2条に規定する有限責任事業組合
ニ　外国の法令に基づいて設立された団体であってイ～ハの組合に類似するもの

この場合、任意組合等のいずれかの組合員がインボイスを交付することができ、その写しの保存は、インボイスを交付した組合員が行うこととなります。

なお、交付するインボイスに記載する「インボイス発行事業者の氏名又は名称及び登録番号」は、原則として組合員全員のものを記載することとなりますが、次の事項（①及び②）を記載することも認められます（消令70の14⑤）。

①　その任意組合等の、いずれかの組合員の「氏名又は名称及び登録番号」（一又は複数の組合員の「氏名又は名称及び登録番号」で構いません。）
②　その任意組合等の名称

> **重要点メモ！**
>
> **任意組合等がインボイスの交付ができなくなる場合**
>
> 次の場合に該当することとなったときは、該当することとなった日以後の取引について、インボイスの交付ができなくなります。
> ① インボイス発行事業者でない新たな組合員を加入させた場合
> ② その任意組合等の組合員のいずれかがインボイス発行事業者でなくなった場合
>
> これらの場合に該当することとなったときは、業務執行組合員が速やかに納税地を所轄する税務署長に「任意組合等の組合員が適格請求書発行事業者でなくなった旨等の届出書」を提出しなければなりません（消法57の6②）。

(5) インボイス発行事業者とそれ以外の事業者が共有資産を売却等した場合

共有資産の譲渡や貸付けについては、持分に応じて所有者ごとに合理的に区分し、所有者の全てがインボイス発行事業者であれば、取引の全額について、それぞれの持分に応じたインボイスを交付することができます。

しかし、所有者の中にインボイス発行事業者以外の者がいる場合、その資産の譲渡や貸付けについては、持分に応じて所有者ごとに合理的に区分した上で、インボイスの交付に当たっては、インボイス発行事業者が自己の部分に係る金額に基づき、「課税資産の譲渡等に係る税抜価額又は税込価額を税率の異なるごとに区分して合計した金額」及び「消費税額等」を算出し、インボイスへ記載することとなります（消基通1－8－7）。

Ⅲ　インボイス発行事業者の交付義務と保存義務

> **重要点メモ！**
>
> ### 仕入控除税額の借主への周知
>
> 　不動産賃貸取引において物件の所有者（貸主）が複数いる場合には、賃貸借契約書や重要事項説明書に全ての共有者名や持分が記載されるため、賃借物件が共有資産である事実については借主が把握することができます。
> 　しかし、借主に仕入税額控除を行うことができる金額を事前に把握してもらうためには、インボイス発行事業者とそれ以外の事業者の持分等に応じた取引対価の額を契約書等にそれぞれ記載し、その内容を記載した通知書を借主に交付するなどの対応をする必要があります。

(6)　家事共用資産を譲渡した場合

　消費税は、事業者が事業として行う取引を課税の対象としていますので、個人事業者が自宅等の家事用資産を譲渡したとしても課税の対象となりません。

　このため、個人事業者が事業と家事の両方の用途に共通して使用するものとして取得した資産を譲渡する場合には、その譲渡に際して収受する金額のうち、「事業として」の部分と「家事用」に係る部分とに合理的に区分する必要があります。そして、この場合には、その「事業として」の部分に係る金額に基づき算出される「課税資産の譲渡等に係る税抜価額又は税込価額を税率の異なるごとに区分して合計した金額」及び「消費税額等」をインボイスに記載することとなります（消基通1－8－6）。

　なお、この区分に当たっては、その譲渡のときの使用割合ではなく、原則としてその資産を取得した時の区分（消費税基本通達11－1－4《家事共用資産の取得》に規定するその資産の使用の実態に基づく使用率、使用面積割合等の合理的な基準による区分）によることとなります。

> **重要点メモ！**
>
> **家事共用資産を仕入明細書等により仕入税額控除する場合**
>
> 　買手である事業者が課税仕入れに係る仕入明細書等を作成し、仕入明細書等の記載事項について売手（課税仕入れの相手方）の確認を受けた場合には、その課税仕入れについて仕入税額控除することができます（消法30⑨三）。
> 　したがって、家事共用資産について仕入明細書等により仕入税額控除する場合であっても、課税仕入れの相手方である売手にとって「事業用」に係る部分のみがその対象になります（消法30⑨三かっこ書）。しかし、課税仕入れを行う買手においては、「事業用」部分に係る金額がわからない場合もありますので、取引の際に売手によく確認しておく必要があります。

(7) 値増し金に係るインボイスの交付

　建設工事等の請負契約に伴い収受する値増金は、その建設工事等の対価の一部を構成するものですが、その金額の確定時期は区々であり、必ずしも建設工事等の引渡しの時までに確定するとは限りません。そのため、相手方との協議によりその金額が確定する値増金については、その収入すべき金額が確定した日の属する課税期間の課税標準額に算入することとされています（消基通9－1－7）。

　このように、値増金は、相手方との協議によりその収入すべきことが確定した日の属する課税期間の課税標準額に算入することとされているため、その値増金が建設工事等の対価の一部を構成するものであったとしても、当初交付しているインボイスとは別にその値増金に係るインボイスを交付することとなります。

　この場合におけるインボイスの次の記載事項は、その値増金に係る金額を基礎として記載することとなります。

① 課税資産の譲渡等の税抜価額又は税込価額を税率ごとに区分して合計した金額及び適用税率
② 税率ごとに区分した消費税額等

Ⅲ　インボイス発行事業者の交付義務と保存義務

なお、協同組合等において農産物の買取販売に係る販売代金の価格修正として組合員が受け取る事業分量配当金についても同様です。

(8)　対価を前受けした場合のインボイスの交付時期

システムの定期保守点検のような取引では、月額の保守料を定め、1年間分を保守開始前に相手方から支払ってもらい、その代金請求時に請求書を交付する場合があります。このような場合、インボイスの交付については、課税資産の譲渡等を行う前であっても問題ありませんので、定期保守に係る代金請求時における請求書にインボイスとして必要な事項を記載することにより、その請求書をインボイスとすることができます。

なお、課税資産の譲渡等を行った時において、交付したインボイスの記載事項に変更が生じた場合には、修正インボイスを交付する必要があります（消法57の4④）。

(9)　資産の譲渡等の時期の特例とインボイスの交付義務

工事の請負に係る資産の譲渡等の時期の特例（工事進行基準）（消法17）など、資産の譲渡等の時期の特例により、資産の譲渡等を行ったものとみなされるものについては、インボイスの交付を要しないこととされています（消法57の4①、消令70の9①）。

これは、原則的な資産の譲渡等の時期よりも前に課税売上げを計上した際、資産の譲渡等の時期の特例により資産の譲渡等を行ったものとみなされる部分について、インボイスの交付を要しないこととしているものであり、原則的な資産の譲渡等の時期において、その資産の譲渡等に係るインボイスの交付を要しないこととしているものではありません。

このため、例えば、工事の請負に係る資産の譲渡等の時期の特例（工事進行基準）の適用を受ける工事の請負工事については、インボイス発行事業者は、工事完成（引渡し）時に相手方（課税事業者に限ります。）からの求めに応じてインボイスの交付義務が生じることとなります。

　また、リース譲渡（所得税法第65条第1項又は法人税法第63条第1項に規定するリース譲渡に係る資産の譲渡等をいいます。）については、リース譲渡に係る資産の譲渡等の時期の特例（延払基準）により、リース資産の譲渡（引渡し）時ではなく、支払期日ごとにその支払期日に係るリース料部分について、課税売上げを計上することができます（消法16）。

　この点、リース譲渡に係る資産の譲渡等の時期の特例（延払基準）により、資産の譲渡等を行ったものとみなされるものについては、インボイスの交付を要しないこととされていませんが、これは、リース資産の譲渡（引渡し）を行った時にそのリース資産の譲渡に対して、インボイスの交付義務が生じるためであり、支払期日ごとにその支払期日に係るリース料部分について、課税売上げを計上したものに対してインボイスの交付義務が課されているものではありません。

Ⅲ　インボイス発行事業者の交付義務と保存義務

> **重要点メモ！**
>
> **資産の譲渡等の時期の特例とインボイスの交付義務の関係**
>
> | 資産の譲渡等の
時期の特例 | 資産の譲渡等の時期 | | インボイスの
交付 |
> |---|---|---|---|
> | | 原則 | 特例 | |
> | リース譲渡
（消法16） | リース譲渡時 | 延払基準 | リース譲渡時 |
> | 工事の請負（長期
大規模工事等）
（消法17） | 工事完成
（引渡）時 | 工事進行基準 | 工事完成
（引渡）時 |
> | 現金主義
（消法18） | 役務提供
完了時等 | 現金の収受時 | 役務提供
完了時等 |
> | 国等の特例（消法
60②、消令74②） | 役務提供
完了時等 | 収納すべき
会計年度の末日 | 役務提供
完了時等 |

9　インボイス類似関係書類等の交付の禁止

　インボイス発行事業者以外の者は「インボイス発行事業者が作成したインボイス又は簡易インボイスであると誤認されるおそれのある書類又はこれに係る電子データ」を、インボイス発行事業者は「偽りの記載をしたインボイス若しくは簡易インボイス又はこれらに係る電子データ」を交付又は提供してはならないこととされています（消法57の5）。

　これらを交付又は提供した事業者は、1年以下の懲役又は50万円以下の罰金に処されます（消法65四）。

> **重要点メモ！**
>
> **免税事業者が請求書等に消費税相当額を記載した場合**
>
> 　免税事業者が請求書等に消費税相当額を記載したとしても、それがインボイス等と誤認されるおそれのあるものでなければ、基本的に罰則の適用対象とはなりません。
> 　また、免税事業者であっても、仕入れの際に負担した消費税相当額を取引価格に上乗せして請求することは、適正な転嫁として、何ら問題となるものではありません。

Ⅳ

インボイスと簡易インボイスの記載事項等

Ⅳ　インボイスと簡易インボイスの記載事項等

1　インボイスと簡易インボイスの記載事項

　インボイスとは、税の累積を排除するための仕入税額控除制度が適正に機能するよう、「売手が買手に対し正確な適用税率や消費税額等を伝えるためのツール」であり、これにより、売手と買手の税率と税額を一致させるものです。そのため、その様式は、法令等で定められているわけではなく、登録番号、適用税率や消費税額等の一定の事項が記載されてさえいれば、どのような書類（請求書、納品書、領収書、レシート等）であっても、その名称を問わず、また、手書きであっても、インボイスに該当します。

　また、一の書類のみで全ての記載事項を満たす必要はなく、交付された複数の書類相互の関連が明確であり、インボイスの交付対象となる取引内容を買手が正確に認識できる方法（例えば、請求書に納品書番号を記載する方法など）で交付されていれば、これら複数の書類に記載された事項によりインボイスの記載事項を満たすことができます（複数の電子データ、書類と電子データの組合せの場合についても同様です。）（消法57の4①、消基通1－8－1、1－8－2）。

　インボイス発行事業者が、不特定かつ多数の者に課税資産の譲渡等を行う事業を行っている場合には、インボイスに代えて、インボイスの記載事項を簡易なものとした簡易インボイスを交付することができます（消法57の4②、消令70の11）。簡易インボイスの記載事項は、インボイスの記載事項よりも簡易なものとされており、インボイスの記載事項と比べると、「書類の交付を受ける事業者の氏名又は名称」の記載が不要である点、「税率ごとに区分した消費税額等」又は「適用税率」のいずれか一方の記載で足りる点が異なります。

(注)　「税率ごとに区分した消費税額等」と「適用税率」の両方を記載

することもできます。

インボイス及び簡易インボイスの記載事項は次のとおりです。

インボイス	簡易インボイス
①　インボイス発行事業者の氏名又は名称及び登録番号	①
②　課税資産の譲渡等を行った年月日	②
③　課税資産の譲渡等に係る資産又は役務の内容（課税資産の譲渡等が軽減対象資産の譲渡等である場合には、資産の内容及び軽減対象資産の譲渡等である旨）	③　同左
④　課税資産の譲渡等の税抜価額又は税込価額を税率ごとに区分して合計した金額及び適用税率	④　課税資産の譲渡等の税抜価額又は税込価額を税率ごとに区分して合計した金額
⑤　税率ごとに区分した消費税額等	⑤　税率ごとに区分した消費税額等又は適用税率
⑥　書類の交付を受ける事業者の氏名又は名称	

(注)1　①の登録番号、④（簡易インボイスは⑤）の適用税率及び⑤の税率ごとに区分した消費税額等が、区分記載請求書の記載事項に追加された事項です。
　　2　販売する商品が軽減税率の適用対象とならないもののみであれば、「軽減対象資産の譲渡等である旨」の記載は不要ですが、「適用税率（10％）」や「消費税額等」の記載は必要です。

Ⅳ インボイスと簡易インボイスの記載事項等

≪インボイスの記載例≫

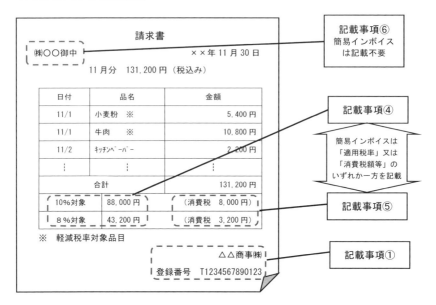

≪簡易インボイスの記載例≫

○ 「適用税率」のみを記載する場合

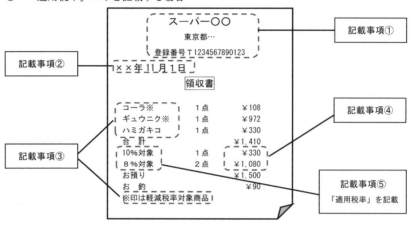

○ 「税率ごとに区分した消費税額等」のみを記載する場合

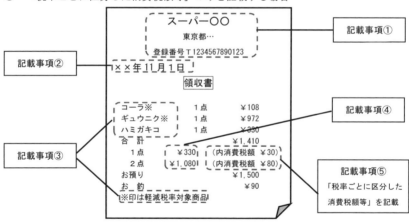

Ⅳ　インボイスと簡易インボイスの記載事項等

> **重要点メモ！**
>
> ## 名称や登録番号等の記載方法
>
> 1　インボイスに記載する名称については、例えば、電話番号を記載するなどし、インボイスを交付する事業者を特定することができれば、屋号や省略した名称などの記載でも構いません。
> 2　取引の相手方の氏名又は名称や取引の内容について、電算処理等により、記号、番号等により管理しているときには、インボイスの記載事項のうち、「インボイス発行事業者の氏名又は名称及び登録番号」、「課税資産の譲渡等に係る資産又は役務の内容」及び「書類の交付を受ける事業者の氏名又は名称」については、取引先コード、商品コード等の記号、番号等の表示によることができます。
> 　ただし、「課税資産の譲渡等に係る資産又は役務の内容」については、商品コード等により課税取引か課税取引以外のものかが混在しないように区分され、さらに、課税取引である場合においては、軽減税率の適用対象かどうかの判別が明らかである必要があります。このため、商品コード等による表示は、これらの判別が明らかとなるものであって、インボイス発行事業者とその取引の相手方との間で表示される記号、番号等の内容が明らかであるものに限られます。
> 　なお、「インボイス発行事業者の氏名又は名称及び登録番号」につき、取引先コード等の記号、番号等で表示する場合においては、その記号、番号等により、登録の効力の発生時期等の履歴が明らかとなる措置を講じておく必要があります（消基通１－８－３）。
> 3　課税資産の譲渡等を行った年月日については、課税期間の範囲内で一定の期間内に行った課税資産の譲渡等につきインボイスをまとめて作成する場合には、その一定の期間を記載することができます。

≪一定期間の取引をまとめたインボイスの交付≫

問

当社では、商品を納品する都度、納品書を交付し、毎月末に締めて1月分をまとめた請求書を交付していますが、インボイスを交付する手段としてどのような方法があるでしょうか。

(答)

i 請求書にインボイスとして必要な事項を全て記載する方法

インボイスとして必要な事項を請求書に全て記載することにより、納品書の様式を変更せずに、請求書の交付のみをもって、インボイスの交付義務を果たすことができます。

≪記載例≫

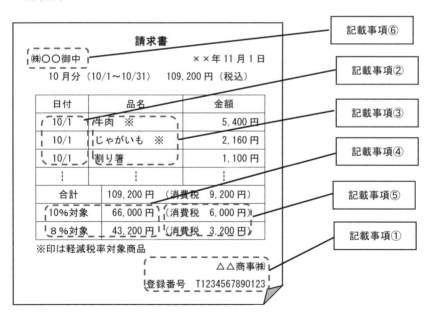

Ⅳ　インボイスと簡易インボイスの記載事項等

ⅱ　複数の書類（請求書と納品書）にインボイスとして必要な事項を記載する方法

　請求書に、登録番号、税率ごとに区分した合計金額及び消費税額等と適用税率、相手方の氏名又は名称を記載するとともに、日々の取引の内容（軽減税率の対象である旨を含みます。）と取引年月日については、納品書に記載することにより、2つの書類でインボイスの記載事項を満たすことができます。

　したがって、この場合、請求書と納品書を交付することにより、インボイスの交付義務を果たすことができます。

　なお、これらの書類の交付を受ける相手方が、インボイスの記載事項を適正に認識できるよう、請求書に納品書番号を記載するなどの方法により、書類相互の関連が明確になるようにしてください。

≪記載例≫

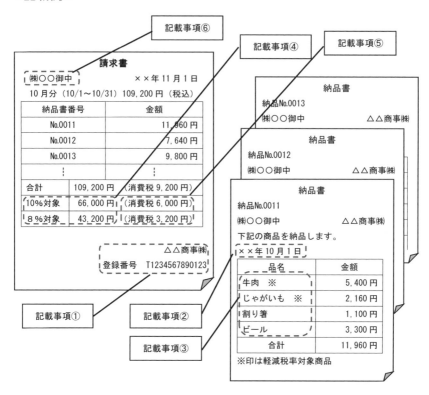

　納品書に取引年月日、税率ごとに区分した消費税額等及び適用税率、日々の取引の内容（軽減税率の対象である旨を含みます。）を記載し、登録番号については、請求書に記載することにより、2つの書類でインボイスの記載事項を満たすことができます。

　したがって、この場合も請求書と納品書を交付することにより、インボイスの交付義務を果たすことができます。

　なお、納品書に「税率ごとに区分した消費税額等」を記載するため、納品書につき税率ごとに1回の端数処理を行うこととなります。

Ⅳ インボイスと簡易インボイスの記載事項等

≪記載例≫

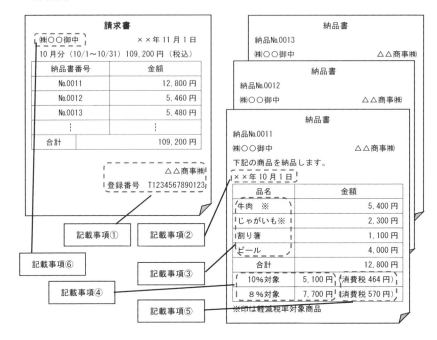

≪複数年をまたぐ取引に係るインボイスの交付≫

問

　当社では、保守契約を締結する際の契約期間を2年としており、保守料については月単位で支払を受けています。

　このように、課税期間をまたぐような長期間にわたる役務の提供について、料金を前受けした際に、2年分をまとめてインボイスを交付してもよいのでしょうか。

(答)

　インボイスの記載事項である「課税資産の譲渡等を行った年月日」については、一定の期間内に行った課税資産の譲渡等につきまとめてインボイスを作成することができますが、「課税期間の範囲内」での一定期間とすることが原則です。

　そのため、一定の期間をまとめてインボイスを交付するとしても、取引の期間が売手の課税期間をまたぐ場合には、インボイスは課税期間ごとに区分して交付することとなります。

　他方、取引の期間が課税期間をまたぐ場合であっても、まとめて一のインボイスに記載することが禁じられているわけではなく、課税資産の譲渡等行う前にインボイスを交付することもできます。

　請求書の交付事務の省力化という観点から、例えば、ご質問のような毎月の保守契約のように一定期間継続して同一の課税資産の譲渡等を行うものについては、売手である事業者がインボイスの交付対象となる期間において、継続してインボイス発行事業者であるのであれば、課税期間の範囲を超える期間をまとめたインボイスを交付しても構いません。

　ただし、課税期間の範囲を超える期間をまとめたインボイスを交付した場合で、当期の課税期間に係る消費税額等の記載が明確に区分さ

Ⅳ　インボイスと簡易インボイスの記載事項等

れていない場合には、売上税額の積上げ計算を行うことはできくなることを、売手である事業者は認識しておく必要があります。

　また、課税期間の範囲を超える期間をまとめたインボイスを交付した後に、交付したインボイスの記載事項に変更が生じた場合には修正インボイスを交付する必要があり、さらに、その期間の中途でインボイス発行事業者でなくなった場合には、既に交付したインボイスについて、インボイス発行事業者でなくなった期間部分を区分して区分記載請求書等として再交付するなどの対応が必要となります。

　これらの点を踏まえて、インボイスの交付方法を検討してください。

≪参考≫役務の提供に係るインボイスを交付する場合の例（3月決算法人）

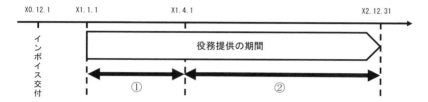

（課税期間ごとに区分して交付）

```
                請求書
                              X0.12.1
○○㈱御中

■■役務の提供の対価（10％）として
①  X1.1.1～X1.3.31
     150,000円  消費税  15,000円
②  X1.4.1～X2.12.31
     450,000円  消費税  45,000円
                      ㈱▲▲  T1234…
```

> インボイスを課税期間ごとに区分して交付する場合には、それらの区分ごとに「課税資産の譲渡等に係る税抜価額又は税込価額を税率の異なるごとに区分して合計した金額」や「消費税額等」を記載することとなります。
> そのため、「消費税額等」について、1円未満の端数が生じた場合には、それぞれ区分した金額で端数処理を行うこととなります。

（まとめてインボイスを交付）

```
                請求書
                              X0.12.1
○○㈱御中

■■役務の提供（2年間）の対価（10％）として
  X1.1.1～X2.12.31
     600,000円  消費税  60,000円
                      ㈱▲▲  T1234…
```

> 課税期間をまたぐ取引についてまとめたインボイスを交付する場合には、売手は売上税額の積上げ計算を行うことはできません。
> 買手においては、自らのその課税期間に属する金額を、あん分するなどの方法により、仕入控除税額を算出することになります。

Ⅳ　インボイスと簡易インボイスの記載事項等

(1) インボイスに記載する消費税額等の端数処理

　インボイスに記載すべき「消費税額等」については、取引に係る税抜価額又は税込価額を税率ごとに区分して合計した金額に対して、10％又は 8 ％（税込の場合は10/110又は 8 /108）を掛けて得た金額に対して端数処理を行って「消費税額等」を算出します。

　したがって、インボイスの記載事項である「税率ごとに区分した消費税額等」に 1 円未満の端数が生じる場合には、一のインボイスにつき、税率ごとに 1 回の端数処理を行い（消令70の10）、端数処理は、「切上げ」、「切捨て」、「四捨五入」など任意の方法となります。

　また、例えば、一のインボイスに記載されている個々の商品ごとに消費税額等を計算し、端数処理を行い、その合計額を「税率ごとに区分した消費税額等」として記載することは認められません（消基通 1 － 8 －15(注)）。

請求書　　　　　　　　　　　　　　　××年11月 1 日
㈱○○御中
10月分（10/ 1 ～10/31）100,000 円（税込）

日付	品名	金額
10/1	小麦粉　※	5,000 円
10/1	牛肉　※	8,000 円
10/2	キッチンペーパー	2,000 円
⋮	⋮	⋮
合計	100,000 円（消費税 8,416 円）	
10％対象	60,000 円（消費税 5,454 円）	
8 ％対象	40,000 円（消費税 2,962 円）	

※印は軽減税率対象商品

△△商店㈱
登録番号　T1234567890123

消費税額等の端数処理は、インボイス単位で、税率ごとに 1 回行います。
10％対象：
60,000 円×10/110≒5,454 円
8 ％対象：
40,000 円× 8 /108≒2,962 円
（注）商品ごとの端数処理は認められません。

> **重要点メモ！**
>
> ## 1枚の書類に複数のインボイスを合わせて記載する場合の端数処理
>
> ① 自社の売上げと媒介者交付特例による他人の売上げを合わせて一のインボイスに記載する場合は、自社の売上げと他社の売上げを区分して記載しますが、消費税額等については税率ごとにまとめて1回端数処理することができます。
> ② 自社の売上げと代理交付による他人の売上げを合わせて一のインボイスに記載する場合の消費税額等については、自社の売上げと他社の売上げをまとめて端数処理することはできず、それぞれの売上げを税率ごとに区分して端数処理する必要があります。
> ③ 複数社の支払先に係る立替金精算書については、支払先ごとに区分して記載しますが、消費税額等については、税率ごとにまとめて1回端数処理することができます。

Ⅳ　インボイスと簡易インボイスの記載事項等

≪税抜きと税込みの商品がある場合のレシートの記載≫

問

　当社はコンビニを営んでおり、来店した顧客には、簡易インボイスとしてレジシステムで発行するレシートを交付することとしています。簡易インボイスには、「課税資産の譲渡等の税抜価額又は税込価額を税率ごとに区分して合計した金額」と「税率ごとに区分した消費税額等」を記載することとしています。当社では一般の商品は税抜価額、たばこなどの一部の商品は税込価額で表示しようと考えていますが、どのように記載すればよいですか。

(答)

　インボイスの記載事項である消費税額等に1円未満の端数が生じる場合は、一のインボイスにつき、税率ごとに1回の端数処理を行う必要があり（消令70の10、消基通1－8－15）、簡易インボイスに消費税額等の記載を行う場合についても同様です。

　ご質問のように、一の簡易インボイスにおいて、税抜価額を記載した商品と税込価額を記載した商品が混在するような場合、いずれかに統一して「課税資産の譲渡等の税抜価額又は税込価額を税率ごとに区分して合計した金額」を記載するとともに、これに基づいて「税率ごとに区分した消費税額等」を算出して記載する必要があります。

　ところで、たばこなど、法令・条例の規定により「税込みの小売定価」が定められている商品や再販売価格維持制度の対象となる商品と、税抜価額で記載するその他の商品を合わせて1枚の簡易インボイスに記載する場合については、「税込みの小売定価」を税抜きとせず、「税込みの小売定価」を合計した金額及び「税率の異なるごとの税抜価額」を合計した金額を表示し、それぞれを基礎として消費税額等を算出し、算出したそれぞれの金額について端数処理して記載することができます。

なお、税抜価額又は税込価額のいずれかに統一して「課税資産の譲渡等の税抜価額又は税込価額を税率ごとに区分して合計した金額」を記載する際における１円未満の端数処理については、「税率ごとに区分した消費税額等」を算出する際の端数処理ではありませんので、この場合にどのように端数処理を行うかについては、事業者の任意となります。

≪たばこと税抜価額の商品が混在する場合の簡易インボイスの記載例≫

○　税抜価額で統一する方法

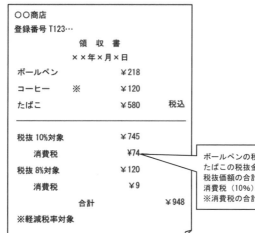

Ⅳ インボイスと簡易インボイスの記載事項等

○ 税抜価額で統一しない方法

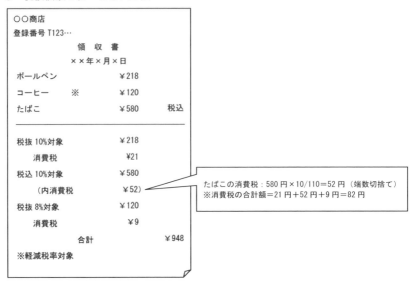

(2) 一括値引きがある場合のレシートの表示

　飲食料品（税率8％）と飲食料品以外（税率10％）の商品を同時に販売し、クーポン券等の利用により、その合計額から一括値引きを行う場合、税率ごとに区分した値引き後の課税資産の譲渡等の対価の額に対して、それぞれ消費税が課されることとなります。そのため、例えば、簡易インボイスであるレシート等を交付している場合における「課税資産の譲渡等の税抜価額又は税込価額を税率ごとに区分して合計した金額」は、そのレシート等に値引き後のものを明らかにする必要があります。

　なお、「税率ごとに区分された値引き前の課税資産の譲渡等の税抜価額又は税込価額」と「税率ごとに区分された値引額」がレシート等において明らかとなっている場合は、これらにより値引き後の課税資産の譲渡等の税抜価額又は税込価額を税率ごとに区分して合計した金額が確認できるため、このような場合であっても、値引き後の「課税

資産の譲渡等の税抜価額又は税込価額を税率ごとに区分して合計した金額」が明らかにされているものとして取り扱われます。

また、レシート等に記載する「消費税額等」については、値引き後の「課税資産の譲渡等の税抜価額又は税込価額を税率ごとに区分して合計した金額」から計算することとなります。

Ⅳ　インボイスと簡易インボイスの記載事項等

≪1,000円値引きした場合のレシートの記載例≫

【値引き後の「税込価額を税率ごとに区分して合計した金額」を記載する方法】

① 値引き後の税込価額を税率ごとに区分して合計した金額

（注）値引額は以下のとおり、資産の価額の比率であん分し、税率ごとに区分しています。
　　10％対象：1,000×3,300/5,460≒604
　　8％対象：1,000×2,160/5,460≒396
　　また、値引き後の税込価額は次のとおり計算しています。
　　10％対象：3,300－604＝2,696
　　8％対象：2,160－396＝1,764

「消費税額等」は値引き後の税込価額から計算します。

【値引き前の「税抜価額又は税込価額を税率ごとに区分して合計した金額」と「税率ごとの値引額」を記載する方法】

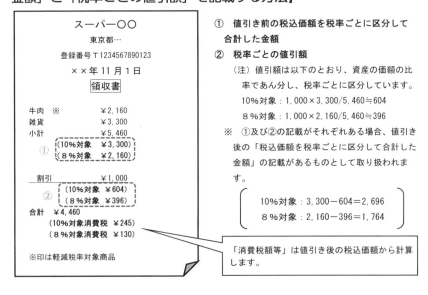

① 値引き前の税込価額を税率ごとに区分して合計した金額
② 税率ごとの値引額

　（注）値引額は以下のとおり、資産の価額の比率であん分し、税率ごとに区分しています。
　　10％対象：1,000×3,300/5,460≒604
　　8％対象：1,000×2,160/5,460≒396
　※　①及び②の記載がそれぞれある場合、値引き後の「税込価額を税率ごとに区分して合計した金額」の記載があるものとして取り扱われます。

　　10％対象：3,300－604＝2,696
　　8％対象：2,160－396＝1,764

「消費税額等」は値引き後の税込価額から計算します。

≪10%（又は8％）対象の商品のみから値引きした場合≫

問

　飲食料品（税率8％）と飲食料品以外（税率10%）の商品を同時に販売し、クーポン券等の利用により、その合計額から一括値引きを行う場合、10%対象の商品のみから値引きしても問題ありませんか。

(答)

　その資産の譲渡等に際して顧客へ交付する領収書等の書類により、「適用税率ごとの値引額」又は「値引き後の税抜価額又は税込価額を税率ごとに区分して合計した金額」が確認できるときは、その資産の譲渡等に係る「値引額」又は「値引き後の税抜価額又は税込価額の合計額」が、適用税率ごとに合理的に区分されているものに該当することとされています。

　したがって、例えば、標準税率（10%）の適用対象となる課税資産の譲渡等の税抜価額又は税込価額からのみ値引きしたとしても、「値引額」又は「値引き後の税抜価額又は税込価額を税率ごとに区分して合計した金額」が領収書等の書類により確認できるときは、売手と買手の間で値引きに関する認識が一致することになりますので、適用税率ごとに合理的に区分されているものに該当します。

Ⅳ　インボイスと簡易インボイスの記載事項等

【値引き後の「税込価額を税率ごとに区分して合計した金額」を記載する方法】

```
           スーパー○○
           東京都…
       登録番号 T1234567890123
           ××年11月1日
         ┌─────┐
         │ 領収書 │
         └─────┘

  牛肉　※        ¥2,160
  雑貨           ¥3,300
  小計           ¥5,460

   割引          ¥1,000
  合計           ¥4,460
① (10%対象　¥2,300　内消費税 ¥209)
  ( 8%対象　¥2,160　内消費税 ¥160)

  ※印は軽減税率対象商品
```

① 値引き後の税込価額を税率ごとに区分して合計した金額

（注）標準税率の対象となるものからのみ1,000円値引きし、値引き後の税込価額は次のとおり計算しています。
　　10%対象：3,300−1,000＝2,300
　　 8%対象：2,160−0＝2,160
　　消費税額は、値引き後の税込価額から計算しています。
　　10%対象：2,300×10/110＝209
　　 8%対象：2,160× 8/108＝160

「消費税額等」は値引き後の税込価額から計算します。

【値引き前の「税抜価額又は税込価額を税率ごとに区分して合計した金額」と「税率ごとの値引額」を記載する方法】

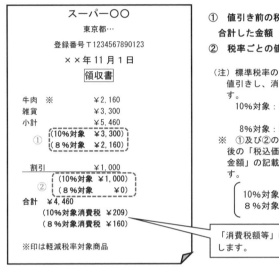

① 値引き前の税込価額を税率ごとに区分して合計した金額
② 税率ごとの値引額

（注）標準税率の対象となるものからのみ1,000円値引きし、消費税額は次のとおり計算しています。
　　10％対象：(3,300－1,000)×10/110
　　　　　　＝209
　　8％対象：2,160×8/108＝160
※ ①及び②の記載がそれぞれある場合、値引き後の「税込価額を税率ごとに区分して合計した金額」の記載があるものとして取り扱われます。

　10％対象：3,300－1,000＝2,300
　8％対象：2,160－　　0＝2,160

「消費税額等」は値引き後の税込価額から計算します。

Ⅳ　インボイスと簡易インボイスの記載事項等

(3) 相手方の求めに応じてインボイスを再交付する場合の「消費税額等」

　インボイスを再交付するに当たり、既に交付した複数枚のインボイスについて、相手方の求めによりまとめて一のインボイスとして再発行する必要がある場合には、そのような対応も認められます。

　その場合、インボイスの記載事項としての「消費税額等」の１円未満の端数処理は、一のインボイスにつき税率の異なるごとにそれぞれ１回ですから（消基通１－８－15）、その一のインボイスに記載された全ての課税資産の譲渡等に係る税抜価額又は税込価額の合計額を基礎として再計算した消費税額等となります。

　他方、売手において既に交付したインボイスの写しを保存しているなど、再発行であることが客観的に明らかである場合には、その記載すべき消費税額等は、既に交付したインボイスに記載された消費税額等を基に記載することができます。

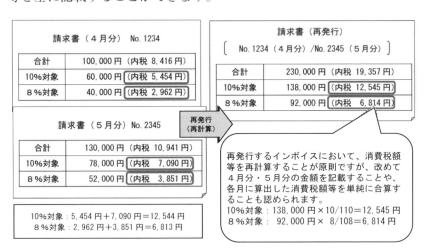

(4) 課税対象外の取引がある場合の記載方法

　課税の対象とならない取引についてはインボイス等の交付義務はあ

りませんが、インボイス等に併せて記載することもできます。その場合には、受け取った対価のうち課税対象外のものを除いた「税抜価額又は税込価額を税率ごとに区分して合計した金額」を内訳欄に記載する必要があります。

　例えば、旅館に宿泊した顧客から宿泊料16,500円のほか入湯税150円を受け取った場合には、領収金額は実際に受け取った16,650円を記載しつつ、但書きに「入湯税」を追加するとともに、左下の金額（税抜・税込）欄に課税資産の譲渡等（宿泊費）に係る税込価額16,500円を記載することになります。

【課税対象外の取引がある場合の簡易インボイスの記載例】

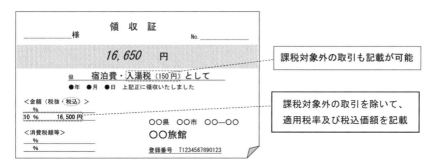

Ⅳ　インボイスと簡易インボイスの記載事項等

(5) 月の中途でインボイス発行事業者となった場合のインボイスの交付方法

　インボイス発行事業者として登録ができるのは課税事業者に限られますから、免税事業者が登録を受けるためには、登録申請書と消費税課税事業者選択届出書を併せて提出する必要があります。また、課税事業者の選択は、課税期間を単位として行うため、インボイス発行事業者の登録も課税期間を単位として行うのが原則です。

　ただし、令和5年10月1日から令和11年9月30日までの日の属する課税期間にインボイス発行事業者の登録を受ける場合には、登録日からその日の属する課税期間の末日までの間については、事業者免税点制度を適用しない（登録日以後の取引について消費税の納税義務が生じる。）こととし、課税期間の途中であっても登録日からインボイス発行事業者となることができます（28年改正法附則44④）。

　このため、令和11年9月30日までの日の属する課税期間までは月の中途にインボイス発行事業者となる場合もあり、このような場合のインボイスの交付は次のとおりです。

① 資産の貸付けに係るインボイス

　資産の賃貸借契約に基づいて支払を受ける使用料等の額（前受けに係る額を除きます。）を対価とする資産の譲渡等の時期は、その契約又は慣習によりその支払を受けるべき日とされています（消基通9－1－20）。そのため、ある月の中途にインボイス発行事業者の登録を受けた場合においても、月末にその月分の支払を受けることとしているなど、使用料等の支払を受けるべき日が登録日以後となるのであれば、その月分の使用料等の全額につきインボイスを交付する必要があります。

(注) この場合、課税資産の譲渡等がその支払を受けるべき日に行われたこととなるため、その登録を受けた月分の使用料等については、インボイス発行事業者の登録前の期間に係るものについて日割計算などは行わず、全額を課税売上げとして消費税の申告を行うこととなります。

他方、前受けに係るもの(翌月分を前払で受けるようなもの)である場合には、その資産の譲渡等の時期は、原則として現実に資産の譲渡等を行った時となるため(消基通9－1－27)、登録日前の取引と登録日以後の取引に区分するなどの対応が必要となります。

この場合、インボイスではない領収書を交付し、登録通知を受け登録日が判明した後に、インボイスとなる部分を区分して交付するなどの方法によることができます。

Ⅳ　インボイスと簡易インボイスの記載事項等

【3月15日に登録を受けた場合】

《登録日以後に使用料等を受領する場合》

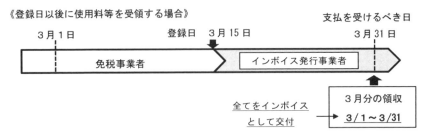

《登録日前に使用料等を前受けする場合》

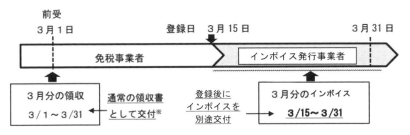

※　買手においては、領収金額の総額からインボイスとして交付を受けた金額（3月15日から31日までの分）を差し引いた金額を、3月1日から14日までの分の課税資産の譲渡等に係る対価の額として追記することにより、その金額につき区分記載請求書等と同様の記載事項が記載された請求書等の保存があるものとして、仕入税額の一定割合（80％、50％）を仕入税額とみなして控除できる経過措置の適用を受けることができます。

②　棚卸資産の譲渡に係るインボイス

　棚卸資産の譲渡を行った日は、その引渡しのあった日とされており、引渡しの日がいつであるかについては、例えば、出荷した日、相手方が検収した日、相手方において使用収益ができることとなった日、検針等により販売数量を確認した日等、その棚卸資産の種類及び性質、

その販売に係る契約の内容等に応じてその引渡しの日として合理的であると認められる日のうち、事業者が継続して棚卸資産の譲渡等を行ったこととしている日によるものとされています（消基通9－1－1、9－1－2）。

したがって、売手が継続して棚卸資産の譲渡等を行ったこととしている日が、登録日以後となる取引について、インボイスを交付することとなります。

【3月15日に登録を受けた場合】

《出荷日を棚卸資産の譲渡を行った日としている例》

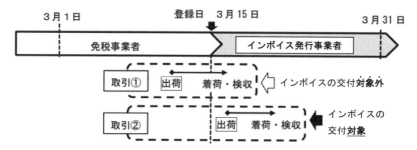

③　役務の提供に係るインボイス

役務の提供を行った日は、原則として、その約した役務の全部の提供を完了した日になります（消基通9－1－5）。したがって、売手の行う保守点検が完了した日がインボイス発行事業者の登録を受けた日以後であるならば、その保守点検料等の全額につきインボイスを交付することとなります。

(注)　保守点検が完了した日がインボイス発行事業者の登録を受けた日以後である場合、その保守点検料については、インボイス発行事業者の登録前の期間に係るものについて日割計算などは行わず、全額を課税売上げとして消費税の申告を行うこととなります。

Ⅳ　インボイスと簡易インボイスの記載事項等

【3月15日に登録を受けた場合】

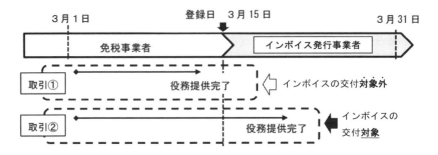

重要点メモ！

免税事業者等の交付する請求書等

　免税事業者等であっても、インボイスに該当しない（インボイスの記載事項を満たさない）請求書や領収書等の交付、それらに記載すべき事項に係る電子データの提供を行うことはできます。
　ただし、免税事業者等が、インボイス発行事業者が作成したインボイス又は簡易インボイスであると誤認されるおそれのある表示をした書類を交付することや、その書類の記載事項に係る電子データを提供することは禁止されており、罰則（1年以下の懲役又は50万円以下の罰金）の適用対象となります（消法57の5、65）。
　なお、免税事業者が請求書等に消費税相当額を記載したとしても、それがインボイスと誤認されるおそれのあるものでなければ、基本的に罰則の適用対象となるものではありません。
　また、免税事業者であっても、仕入れの際に負担した消費税相当額を取引価格に上乗せして請求することは、適正な転嫁として何ら問題はありません。

(6) 外貨建取引におけるインボイスの記載事項

　米ドルなどの外貨建てによる取引であっても、インボイスに記載が必要な事項は特に変わりはなく、記載事項を外国語や外貨により記載しても問題ありません。ただし、外貨建てによる取引であっても、「税率の異なるごとに区分した消費税額等」については、円換算した金額を記載する必要があります。

なお、消費税額等の算出に係る円換算の方法は、資産の譲渡等の対価の額の円換算の方法（消基通10－1－7）と同様、所得税又は法人税の課税所得金額の計算において外貨建ての取引に係る売上金額その他の収入金額を円換算する際の取扱いの例により行うこととなります。

　ただし、インボイスを交付するときにおいて、所得税又は法人税の例により円換算することが困難な場合における消費税額等の算出に係る円換算の方法は、例えば、インボイス等を交付する日における換算レートや決済日における換算レート等を継続して使用するなど、合理的な方法によることができます。

≪税率ごとに区分して合計した対価の額（外貨税抜）を円換算後、消費税額等を算出する場合の記載例≫

（TTM：115.21円）

Description	Taxable amount	Tax amount	JPY Tax Amount
Beef*	$189	$15.12	—
Wood chopsticks	$23	$2.3	—
Fish*	$150	$12	—
Spoon	$31	$3.1	—
Reduced tax rate (8%)	$339	$27.12	¥3,124
Standard tax rate (10%)	$54	$5.4	¥622

× TTM ×適用税率

Reduced tax rate (8%)

$339×115.21＝39,056.19⇒39,056円（税率ごとに区分した対価の額【円換算後】）

39,056円×8％＝3,124.48⇒3,124円（消費税額等）

Standard tax rate (10%)

$54×115.21＝6,221.34⇒6,221円（税率ごとに区分した対価の額【円

Ⅳ　インボイスと簡易インボイスの記載事項等

換算後】)

6,221円×10％＝622.1⇒622円（消費税額等）

※　外貨建てのTax amountは、インボイスの記載事項として求められるものではなく、参考として記載するものとなります。

2　返還インボイスの記載事項

(1)　返還インボイスの記載事項

　インボイス発行事業者には、課税事業者に対して売上げに係る対価の返還等を行う場合、返還インボイスを交付する義務が課されており、その記載事項は次のとおりです（消法57の4③）。

①　インボイス発行事業者の氏名又は名称及び登録番号

②　売上げに係る対価の返還等を行う年月日及びその売上げに係る対価の返還等の基となった課税資産の譲渡等を行った年月日（インボイスを交付した売上げに係るものについては、課税期間の範囲で一定の期間の記載で構いません。）

③　売上げに係る対価の返還等の基となる課税資産の譲渡等に係る資産又は役務の内容（売上げに係る対価の返還等の基となる課税資産の譲渡等が軽減対象資産の譲渡等である場合には、資産の内容及び軽減対象資産の譲渡等である旨）

④　売上げに係る対価の返還等の税抜価額又は税込価額を税率ごとに区分して合計した金額

⑤　売上げに係る対価の返還等の金額に係る消費税額等又は適用税率

≪返還インボイスの記載例≫

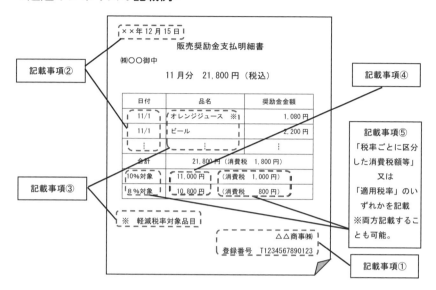

(注) 記載事項の②「売上げに係る対価の返還等の基となった課税資産の譲渡等を行った年月日」は、例えば、月単位や「○月～△月分」といった記載も認められます。

　また、返品等の処理を合理的な方法により継続して行っているのであれば、その返品等の処理に基づき合理的と認められる年月日を記載することができますので、「前月末日」や「最終販売年月日」を「売上げに係る対価の返還等の基となった課税資産の譲渡等を行った年月日」として記載することも、そのような処理が合理的な方法として継続して行われているのであれば、認められます。

　また、記載事項の⑤「税率ごとに区分した消費税額等」は、インボイスにおける端数処理と同様に、一の返還インボイスにつき、税率ごとに1回の端数処理を行うこととなります。

Ⅳ　インボイスと簡易インボイスの記載事項等

(2)　販売先から交付された奨励金請求書

　売手（インボイス発行事業者）が売上げに係る対価の返還等を行う場合には、返還インボイスを交付しなければなりません（消法57の4③）。

　しかし、販売奨励金の精算に当たり、販売先から交付される奨励金請求書に基づき支払っている場合において、その奨励金請求書に販売奨励金に関する返還インボイスとして必要な事項が記載されていれば、売手と販売先との間で、売手の売上げに係る対価の返還等の内容について記載された書類が共有されていますので、売手は、改めて返還インボイスを交付する必要はありません。

≪返還インボイスとして必要な事項が記載された奨励金請求書の記載例≫

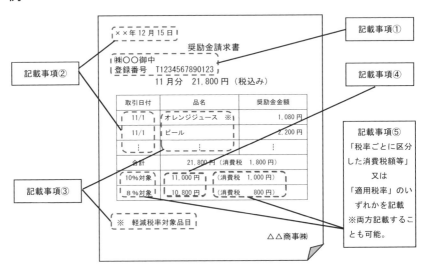

(3) インボイスと返還インボイスを一の書類で交付する場合の記載事項

　一の事業者に対してインボイスと返還インボイスを交付する場合においては、インボイスと返還インボイスそれぞれに必要な事項を記載して、1枚の書類で交付することもできます。

　具体的には、当月販売した商品について、インボイスとして必要な事項を記載するとともに、前月分の販売奨励金について、返還インボイスとして必要な事項を記載すれば、交付する請求書を1枚にすることができます。

　また、継続して、①課税資産の譲渡等の対価の額から売上げに係る対価の返還等の金額を控除した金額及び②その金額に基づき計算した消費税額等を税率ごとに請求書等に記載することで、インボイスに記載すべき「課税資産の譲渡等の税抜価額又は税込価額を税率ごとに区分して合計した金額」及び「税率ごとに区分した消費税額等」と返還インボイスに記載すべき「売上げに係る対価の返還等の税抜価額又は税込価額を税率ごとに区分して合計した金額」及び「売上げに係る対価の返還等の金額に係る消費税額等」の記載を満たすこともできます（消基通1－8－20）。

　なお、課税資産の譲渡等の金額から売上げに係る対価の返還等の金額を控除した金額に基づく消費税額等の計算については、税率ごとに1回の端数処理となります。

Ⅳ　インボイスと簡易インボイスの記載事項等

≪記載例≫

【課税資産の譲渡等の金額と対価の返還等の金額をそれぞれ記載する場合】

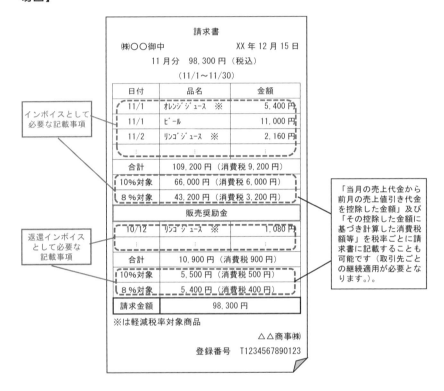

【対価の返還等を控除した後の金額を記載する場合】

```
                    請求書
  ㈱○○御中              XX年12月15日
       11月分　98,300円（税込）
          （11/1～11/30）
  ┌─────┬──────────────┬──────────────┐
  │ 日付  │   品名       │   金額       │
  ├─────┼──────────────┼──────────────┤
  │ 11/1 │ オレンジジュース ※ │    5,400円  │
  │ 11/1 │ ビール       │   11,000円  │
  │ 11/2 │ リンゴジュース ※ │    2,160円  │
  │  :   │   :          │    :        │
  ├─────┼──────────────┼──────────────┤
  │ 合計  │ 109,200円（消費税 9,200円）│
  ├─────┴──────────────┴──────────────┤
  │          販売奨励金                │
  ├─────┬──────────────┬──────────────┤
  │10/12 │ リンゴジュース ※ │   1,080円   │
  │  :   │   :          │    :        │
  ├─────┼──────────────┴──────────────┤
  │ 合計  │ 10,900円（消費税 900円）  │
  ├─────┼──────────────────────────┤
  │請求金額│ 98,300円（消費税 8,300円）│
  │10%対象│ 60,500円（消費税 5,500円）│
  │8%対象 │ 37,800円（消費税 2,800円）│
  └─────┴──────────────────────────┘
  ※は軽減税率対象商品

                       △△商事㈱
                 登録番号　T1234567890123
```

> 継続的に、①課税資産の譲渡等の対価の額から売上げに係る対価の返還等の金額を控除した金額及び②その金額に基づき計算した消費税額等を税率ごとに記載すれば記載事項を満たします。

3　修正インボイスの記載事項

　インボイス発行事業者は、交付したインボイスの記載事項（提供した電子インボイスの記録事項）に誤りがあったときは、買手である課税事業者に対して、修正インボイスを交付する（修正した電子インボイスを提供する）義務があります（消法57の4④⑤）。

　その方法としては、例えば、

① 　誤りがあった事項を修正し、改めて記載事項の全てを記載したものを交付する方法

② 　当初に交付したものとの関連性を明らかにし、修正した事項を明

Ⅳ　インボイスと簡易インボイスの記載事項等

　　示したものを交付する方法

などがあります（消基通1－8－21）。

　なお、簡易インボイス、返還インボイスの記載事項に誤りがあったときについても同様です。

≪修正インボイスの記載例≫

当初交付したインボイス

① 改めて記載事項の全てを記載したものを交付する場合

② 修正した事項を明示したものを交付する場合

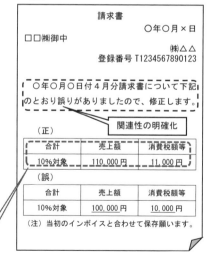

(注) 修正インボイスを交付した事業者は、当初のインボイスの写し及び修正インボイス（①又は②）の写しの保存が必要となります。

V

インボイス制度下での税額計算等

Ⅴ　インボイス制度下での税額計算等

1　税額計算の概要

　消費税率が標準税率（10％）と軽減税率（8％）の複数であることから、売上げと仕入れを税率ごとに区分した上で税額計算を行い、売上税額から仕入税額を控除するといった消費税額の計算方法は、これまでと変わりません。

　はじめに、売上税額と仕入税額の具体的な計算方法についてまとめると、次の表のとおりです。売上税額については、これまでと同様、割戻し計算を原則としつつ、積上げ計算によることもできることとされ、一方、仕入税額については、請求書等積上げ計算を原則としつつ、帳簿積上げ計算又は割戻し計算によることもできることとされています。

売上税額	**【割戻し計算】（原則）** 　税率ごとに区分した課税期間中の課税資産の譲渡等の税込価額の合計額に、108分の100又は110分の100を掛けて税率ごとの課税標準額を算出し、それぞれの税率（6.24％又は7.8％）を掛けて売上税額を算出します（消法45①）。
	【積上げ計算】（特例） 　相手方に交付したインボイス又は簡易インボイスの写しを保存している場合（電子インボイスを保存している場合を含みます。）には、これらの書類に記載した消費税額等の合計額に100分の78を掛けて算出した金額を売上税額とすることができます（消法45⑤、消令62①）。
仕入税額	**【請求書等積上げ計算】（原則）** 　相手方から交付を受けたインボイスなどの請求書等（提供を受けた電子インボイスを含みます。）に記載された消費税額等のうち、課税仕入れに係る部分の金額の合計額に100分の78を掛けて算出します（消法30①、消令46①）。

> **【帳簿積上げ計算】（特例）**
> 　課税仕入れの都度、課税仕入れに係る支払対価の額に110分の10（軽減税率の対象となる場合は108分の8）を掛けて算出した金額（1円未満の端数が生じたときは、端数を切捨て又は四捨五入します。）を仮払消費税額等などとし、帳簿に記載（計上）している場合は、その金額の合計額に100分の78を掛けて算出する方法も認められます（消令46②）。
>
> **【割戻し計算】（特例）**
> 　税率ごとに区分した課税期間中の課税仕入れに係る支払対価の額の合計額に、110分の7.8（軽減税率の対象となる部分については108分の6.24）を掛けて算出することができます（消令46③）。

2　税額計算の選択又は併用の可否

　上記1のとおり、売上税額の計算については2種類、仕入税額の計算については3種類の方法が認められていますが、納付税額の軽減などを目的とした選択等を排除する観点から、選択又は併用について一定の制限が設けられています。

① 　売上税額の計算において、割戻し計算と積上げ計算を併用することができます。

　例えば、小売業と卸売業を兼業している場合で、小売業については積上げ計算を採用し、卸売業については割戻し計算を採用することも認められます。

　なお、売上税額の積上げ計算はインボイス又は簡易インボイスに記載された消費税額等を基に計算しますので、これを選択できるのは、インボイス発行事業者に限られます。

② 　売上税額の計算について割戻し計算によった場合には、仕入税額についてはいずれの計算方法も選択することができますが、売上税額を積上げ計算によった場合には、仕入税額についても請求書等積

Ⅴ　インボイス制度下での税額計算等

上げ計算又は帳簿積上げ計算によらなければなりません（消基通11
－1－9）。

　例えば、上記①の例のように、売上税額について割戻し計算と積
上げ計算を併用した場合には、仕入税額について割戻し計算を選択
することはできません（消基通15－2－1の2㊟2）。
③　仕入税額の計算において、請求書等積上げ計算と帳簿積上げ計算
を併用することはできますが、これらの計算方法と割戻し計算を併
用することはできません（消基通11－1－9）。

　なお、計算方法の選択については、継続適用しなければならないと
の規定はありませんので、課税期間ごとに変更することができます。

【税額計算の選択又は併用の可否のイメージ図】

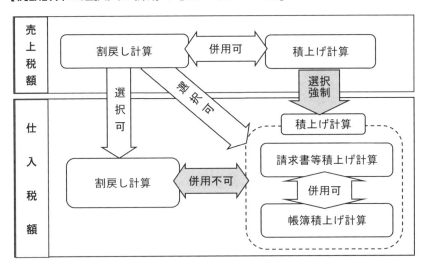

3　売上税額の計算における留意事項

(1)　簡易インボイスによる積上げ計算

　簡易インボイスの記載事項は、「適用税率又は税率ごとに区分した消費税額等」であり、「適用税率」のみを記載して交付する場合、税率ごとの消費税額等の記載がないことから、積上げ計算を行うことはできません（消基通15－2－1の2(注)1）。

(2)　売上税額を「積上げ計算」する場合の端数処理

　売上税額を積上げ計算する場合は、交付したインボイス等に記載した消費税額等の合計額に100分の78を掛けて算出することとなります。このインボイス等の記載事項である消費税額等に1円未満の端数が生じる場合の処理は、切上げ、切捨て、四捨五入と任意の方法によることができますので、売上税額を積上げ計算する場合の端数処理は、結果的に事業者の任意となります。

(3)　インボイス等を交付できなかった場合における売上税額の積上げ計算

　例えば、スーパーマーケットにおいて、商品販売時に顧客に対して簡易インボイスであるレシートを交付しようとしたところ、顧客がこれを受け取らなかった場合には、物理的な「交付」が行われなかったことになります。

　このように、インボイス等を交付しようとしたものの顧客が受け取らなかったため、物理的な「交付」ができなかったような場合や交付を求められたとき以外レシートを出力していない場合であっても、インボイス発行事業者においては、そのインボイス等の写しを保存して

Ⅴ インボイス制度下での税額計算等

おけば、「交付したインボイス等の写しの保存」があるものとして、売上税額の積上げ計算を行うことができます。

(4) 仕入明細書を受領した場合における売上税額の積上げ計算

　買手である取引先が、仕入明細書を仕入税額控除の要件として保存すべき請求書等とするには、その仕入明細書に記載されている事項について売手の確認を受けることが必要とされています（消法30⑨三）。

　この確認の結果、売手と買手である取引先との間で仕入明細書に記載された消費税額等について共有されることになりますので、取引当事者間での取決め等により、仕入明細書により代金の支払が行われ、売手がインボイスを交付することができない場合であっても、仕入明細書に記載されている事項の確認に当たって仕入明細書を受領しており、かつ、その受領した仕入明細書をインボイス等の写しと同様の期間・方法により保存している場合には、「交付したインボイス等の写しの保存」があるものとして、売上税額の積上げ計算を行うことができます。

(5) 媒介者交付特例における精算書による売上税額の積上げ計算

　委託販売における受託者が媒介者交付特例を適用してインボイスを交付する場合においては、

① 買手に交付したインボイスの写し又は提供した電子インボイスを保存する

② 買手に交付したインボイスの写し又は提供した電子インボイスを速やかに委託者に交付又は提供する

こととされています（消令70の12①③）。

この場合、②について、例えば、複数の委託者の商品を販売した場合や、多数の購入者に対して日々インボイスを交付する場合などで、コピーが大量になるなど、インボイスの写しそのものを交付することが困難な場合には、インボイスの写しと相互の関連が明確な精算書等の書類等を交付することで構わないこととされています（消基通1－8－11）。

したがって、媒介者交付特例における委託者は、委託先からインボイスの記載事項が全て記載されている精算書の交付を受けている場合、その精算書に記載された消費税額等を基に売上税額の積上げ計算を行うことができます。

(6) 委託販売等の手数料に係る売上税額の計算

① 委託者に係る取扱い（委託商品が標準税率対象のみの場合）

委託販売等について、委託販売等に係る委託者においては、受託者が委託商品の譲渡等をしたことに伴い収受した又は収受すべき金額が委託者における資産の譲渡等の金額となりますが、標準税率の適用対象となる課税資産の譲渡等のみを行うことを委託している場合、その課税期間中に行った委託販売等の全てについて、その資産の譲渡等の金額から受託者に支払う委託販売手数料を控除した残額を委託者における資産の譲渡等の金額とすることも認められています（消基通10－1－12(1)）。

なお、委託者が受託者からの課税仕入れについて仕入税額控除の適用を受けるためには、原則として、受託者から交付を受けたインボイス等の保存が必要となります。したがって、その資産の譲渡等の金額から受託者に支払う委託販売手数料（課税仕入れ）を控除した残額を

Ⅴ インボイス制度下での税額計算等

委託者における資産の譲渡等の金額とするためには、その委託販売手数料に係るインボイス等の保存が必要となります。

② 受託者に係る取扱い(受託商品が標準税率対象のみの場合)

委託販売等に係る受託者においては、委託者から受け取る委託販売手数料が役務の提供の対価となりますが、委託者から標準税率の適用対象となる課税資産の譲渡等のみを行うことを委託されている場合、委託された商品の譲渡等に伴い収受した又は収受すべき金額を課税資産の譲渡等の金額とし、委託者に支払う金額を課税仕入れに係る金額とすることも認められています(消基通10－1－12(2))。この場合、委託者に支払う金額については、本来の課税仕入れではないことから、委託者からインボイスは交付されませんので(委託者にインボイスの交付義務はありません。)、委託者に支払う金額に係る課税仕入れに関し、インボイス等の保存は不要です。

③ 委託商品が軽減税率対象の場合の留意事項

委託販売等において、受託者が行う委託販売手数料等を対価とする役務の提供は、その委託販売等に係る課税資産の譲渡が軽減税率の適用対象となる場合であっても、標準税率が適用されます(消基通10－1－12(注1))。

また、委託販売等に係る商品が軽減税率の適用対象となる場合には、適用税率ごとに区分して、委託者及び受託者の課税資産の譲渡等の対価の額及び課税仕入れに係る支払対価の額の計算を行うことになりますので、上記①及び②の取扱いの適用はありません(消基通10－1－12(注2))。

(7) インボイス記載の取引が課税期間をまたぐ場合の売上税額の計算

例えば、売上げの請求書について毎月20日締めとしている3月決算の法人が、3月21日から4月20日までの期間に係るインボイスを交付した場合、翌課税期間（4月1日から4月20日まで）の消費税額も合計して記載されていることになるため、これを基に売上税額の積上げ計算をすることはできません。

しかし、売上税額の計算は、割戻し計算と積上げ計算を併用することが認められていますので、このような期間（3月21日から3月31日まで（期末を含む請求書の期間）及び4月1日から4月20日まで（期首を含む請求書の期間））の取引については割戻し計算とし、それ以外の期間（4月21日から翌年3月20日）の取引については積上げ計算とすることができます。

また、課税期間をまたぐ期間（3月21日から3月31日及び4月1日から4月20日）に係る取引をまとめて一のインボイスとする場合、そのインボイスにおいて、課税期間の範囲に応じてインボイスの記載事項をそれぞれ区分して記載していれば、その課税期間で区分した税率ごとに合計した課税資産の譲渡等に係る税込対価（税抜対価）の額から算出した消費税額等をそのインボイスに係る消費税額等とすることもできます。

一方、課税期間をまたがない期間について一のインボイスを交付する場合においては、その期間内で任意に区分した期間に応じた税率ごとに合計した課税資産の譲渡等に係る税込対価（税抜対価）の額から算出した消費税額等を記載したとしても、その消費税額等は、インボイスの記載事項としての消費税額等とはなりません。

(注) 法人税基本通達2－6－1により決算締切日を継続して3月20日

としているような場合、消費税の資産の譲渡等の時期についても、これによることが認められています（消基通9-6-2）。このように、決算締切日により法人税及び消費税の申告をしている場合には、売上税額の積上げ計算のための課税期間ごとの区分の対応は必要ありません。

【参考】

○　法人税基本通達2-6-1（決算締切日）

　法人が、商慣習その他相当の理由により、各事業年度に係る収入及び支出の計算の基礎となる決算締切日を継続してその事業年度終了の日以前おおむね10日以内の一定の日としている場合には、これを認める。

4　仕入税額の計算における留意事項

(1)　インボイスなどに記載された消費税額等による仕入税額の積上げ計算

インボイス等に記載された消費税額等を基礎として、仕入税額を積み上げて計算する場合には、次の区分に応じた金額を基礎として仕入税額を計算することとなります（消令46①）。

① 　交付を受けたインボイス（電子インボイスにより提供されたものも含みます。）に記載された消費税額等のうち課税仕入れに係る部分の金額

② 　交付を受けた簡易インボイス（電子インボイスにより提供されたものも含みます。）に記載された消費税額等のうち課税仕入れに係

る部分の金額（簡易インボイスに適用税率のみの記載があり、消費税額等が記載されていない場合は、インボイスに消費税額等を記載する際の計算方法と同様の方法により計算した金額のうち課税仕入れに係る部分の金額）

③　作成した仕入明細書（電子データにより作成したものも含みます。）に記載された消費税額等のうち課税仕入れに係る部分の金額

④　卸売市場において、委託を受けて卸売の業務として行われる生鮮食料品等の譲渡及び農業協同組合等が委託を受けて行う農林水産物の譲渡について、受託者から交付を受けた書類（電子データにより提供されたものも含みます。）に記載された消費税額等のうち課税仕入れに係る部分の金額

⑤　公共交通機関特例など、帳簿のみの保存で仕入税額控除が認められるものについては、課税仕入れに係る支払対価の額に110分の10（軽減税率の対象となる場合は108分の8）を掛けて算出した金額（1円未満の端数が生じたときは、端数を切捨て又は四捨五入します。）

　㊟　税込金額が1万円未満の課税仕入れに係る少額特例により、帳簿のみの保存で仕入税額控除の適用を受けることができる課税仕入れについては、⑤の場合と同様の計算となります（改正令附則24の2②）。

(2)　帳簿積上げ計算における「課税仕入れの都度」の意義

　帳簿積上げ計算による場合の「課税仕入れの都度」については、例えば、課税仕入れに係るインボイスの交付を受けた際に、そのインボイスを単位として帳簿に仮払消費税額等として計上している場合のほか、課税期間の範囲内で一定の期間内に行った課税仕入れにつき、ま

とめて交付を受けたインボイスを単位として帳簿に仮払消費税額等として計上している場合が含まれます（消基通11－1－10）。

(3) 仕入税額を「帳簿積上げ計算」する場合の端数処理

　仕入税額を帳簿積上げ計算により行う場合は、課税仕入れに係る支払対価の額に110分の10（軽減税率の対象となる場合は108分の8）を掛けて算出した金額に1円未満の端数が生じたときは、その端数を切捨て又は四捨五入した金額を仮払消費税額等として帳簿に記載している場合は、その金額の合計額に100分の78を掛けて算出します（消令46②）。この端数処理の方法は、公共交通機関特例など、帳簿のみの保存で仕入税額控除が認められる場合や、免税事業者等からの課税仕入れに係る経過措置を適用する場合についても同様です。

(4) インボイス記載の取引が課税期間をまたぐ場合の仕入税額の計算

　仕入税額の積上げ計算については、交付されたインボイスなどの請求書等に記載された消費税額等のうち、課税仕入れに係る部分の金額の合計額に100分の78を掛けて算出します（請求書等積上げ計算）（消法30①、消令46①）。

　このため、例えば、3月決算の法人が、取引先から3月21日から4月20日までの期間をまとめた消費税額等が記載されているインボイスの交付を受けた場合、当課税期間（3月21日から3月31日まで）の消費税額等と翌課税期間（4月1日から4月20日まで）の消費税額等が合計して記載されていることになるため、これを基に仕入税額の請求書等積上げ計算をする場合は、当課税期間に係る消費税額と翌課税期間に係る消費税額について、それぞれの期間の取引に係る消費税額を

算出し、それぞれの期間が含まれる課税期間においてそれぞれ積上げ計算をする必要があります。

　また、仕入税額の積上げ計算は、課税仕入れの都度、課税仕入れに係る支払対価の額に110分の10（軽減税率の対象となる場合は108分の8）を掛けて算出した金額（1円未満の端数が生じたときは、端数を切捨て又は四捨五入します。）を仮払消費税額等などとし、帳簿に記載（計上）している場合は、その金額の合計額に100分の78を掛けて算出する方法も認められます（帳簿積上げ計算）（消令46②）。

(注)　法人税基本通達2－6－1により決算締切日を継続して3月20日としているような場合、消費税の課税仕入れの時期についても、同様とすることが認められています（消基通11－3－1）。このように決算締切日により、法人税及び消費税の申告をしている場合には、仕入税額の積上げ計算のための課税期間ごとの区分の対応は必要ありません。

(5)　免税事業者等から課税仕入れを行った場合の税額計算

　インボイス制度の下では、原則、インボイス発行事業者以外の者からの課税仕入れについては、仕入税額控除を行うことはできませんが、制度開始後6年間は、仕入税額相当額の一定割合を仕入税額とみなして控除できる経過措置が設けられています（28年改正法附則52、53）。

　この経過措置を適用できる期間に応じた割合は次のとおりです。

期　間	割　合
令和5年10月1日から令和8年9月30日まで	仕入税額相当額の100分の80
令和8年10月1日から令和11年9月30日まで	仕入税額相当額の100分の50

　この経過措置の適用により、仕入税額とみなす金額の具体的な計算

Ⅴ インボイス制度下での税額計算等

方法は、次のとおりとなります。

① 仕入税額について「積上げ計算」を適用している場合

　この経過措置の適用を受ける場合においても「積上げ計算」により計算する必要があります。

　この経過措置の適用を受ける課税仕入れの都度、その課税仕入れに係る支払対価の額に110分の7.8（軽減税率の対象となる場合は108分の6.24）を掛けて算出した金額に100分の80を掛けて算出します（その金額に１円未満の端数が生じたときは、その端数を切捨て又は四捨五入します。）（改正令附則22①一、23①一）。

　なお、この経過措置の適用を受ける課税仕入れを区分して管理し、課税期間の中途や期末において、その区分した課税仕入れごとに上記の計算を行うこともできます。

　また、税抜経理を採用している場合、課税仕入れの都度、経過措置対象分（消費税額等相当額の100分の80）の仮払消費税額等を算出して端数処理（その金額に１円未満の端数が生じたときは、その端数を切捨て又は四捨五入します。）を行っていれば、その金額の合計額に100分の78を掛けて算出した金額（切捨て）をこの経過措置の適用を受けた課税仕入れに係る消費税額とすることができます。

② 仕入税額について「割戻し計算」を適用している場合

　この経過措置の適用を受ける場合においても「割戻し計算」により計算する必要があります。

　課税期間中に行ったこの経過措置の適用を受ける課税仕入れに係る支払対価の額の合計金額に110分の7.8（軽減税率の対象となる場合は108分の6.24）を掛けて算出した金額に100分の80を掛けて算出します

(改正令附則22①二、23①二)。

(6) 免税事業者が課税事業者となった場合等の棚卸資産に係る調整

① 免税事業者が課税事業者となった場合

免税事業者である課税期間に行った課税仕入れについて、その相手方がインボイス発行事業者であるか否かの区分を不要とするため、棚卸資産に係る消費税額の全額を仕入税額控除の対象とすることができます（消法36①③）。

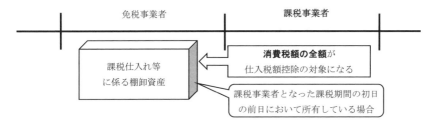

② 課税事業者が免税事業者となった場合

経過措置の適用を受けて消費税相当額の80％又は50％が仕入税額控除の対象とされる棚卸資産について、課税事業者から免税事業者となる場合における棚卸資産の調整措置の適用を受ける場合には、その消費税相当額の80％又は50％について、仕入れに係る消費税額の計算の基礎となる課税仕入れ等の税額に含まれないこととされます（消法36⑤、28年改正法附則52④、53④）。

Ⅴ　インボイス制度下での税額計算等

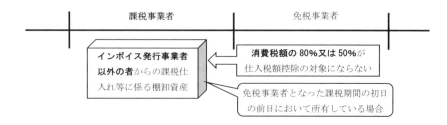

VI

インボイス発行事業者となる小規模事業者の税額計算（2割特例）

Ⅵ　インボイス発行事業者となる小規模事業者の税額計算（2割特例）

1　2割特例の概要

　インボイス発行事業者の登録をしたことにより、課税事業者となった者の負担を軽減するため、納税額を売上税額の2割に軽減する措置が3年間講ずることとされています（以下「**2割特例**」といいます。）（28年改正法附則51の2①②）。

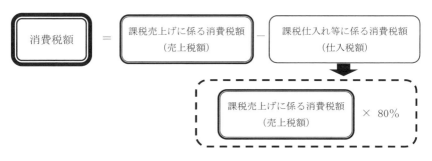

2　2割特例の適用ができない課税期間

　2割特例は、「免税事業者がインボイス発行事業者の登録を受け、登録日から課税事業者となる者」が対象となります。言い換えれば、「インボイス発行事業者の登録をしなければ、課税事業者になることはなかった者」ということになります。
　したがって、以下の課税期間については、2割特例の適用を受けることはできません。
⑽　2割特例の適用の可否は、課税期間ごとに判定しますので、同じ事業者であっても、2割特例を適用できた課税期間の翌課税期間が適用できないという場合もあります。

① 過去の売上が一定金額以上ある場合
○ 基準期間の課税売上高が１千万円を超える課税期間（消法９①）
○ 特定期間における課税売上高による納税義務の免除の特例により事業者免税点制度の適用が制限される課税期間（消法９の２①）
○ 相続・合併・分割があった場合の納税義務の免除の特例により事業者免税点制度の適用が制限される課税期間（消法10、11、12）
　㊟　相続のあった課税期間について、その相続により事業者免税点制度の適用が制限される場合であっても、インボイス発行事業者の登録が相続日以前であり、他の２割特例の適用が制限される課税期間でなければ、２割特例の適用を受けることができます（28年改正法附則51の２①三）。

② 新たに設立された法人が一定規模以上の法人である場合
○ 新設法人・特定新規設立法人の納税義務の免除の特例により事業者免税点制度の適用が制限される課税期間（消法12の２①、12の３①）

③ 高額な資産を仕入れた場合
○ 「課税事業者選択届出書」を提出して課税事業者となった後２年以内に一般課税で調整対象固定資産の仕入れ等を行った場合において、「消費税課税事業者選択不適用届出書」の提出ができないことにより事業者免税点制度の適用が制限される課税期間（消法９⑦）
　㊟　免税事業者に係る登録の経過措置（28年改正法附則44④）の適用を受けてインボイス発行事業者となった者は、「課税事業者選択届出書」の提出をして課税事業者となっていませんので、これに該当することはありません。

Ⅵ インボイス発行事業者となる小規模事業者の税額計算（2割特例）

- ○ 新設法人及び特定新規設立法人の特例の適用を受けた課税期間中に、一般課税で調整対象固定資産の仕入れ等を行ったことにより事業者免税点制度の適用が制限される課税期間（消法12の2②、12の3③）
- ○ 一般課税で高額特定資産の仕入れ等を行った場合（棚卸資産の調整の適用を受けた場合）において事業者免税点制度の適用が制限される課税期間（消法12の4①②④）
- ○ 一般課税で金又は白金の地金等を仕入れた金額の合計額（税抜き）が200万円以上である場合において事業者免税点制度の適用が制限される課税期間（消法12の4③④、消令25の5④）

④ 課税期間を短縮している場合
- ○ 課税期間の特例の適用を受ける課税期間
  - (注) 課税期間の特例の適用を受ける課税期間とは、「消費税課税期間特例選択届出書」の提出により、課税期間を一月又は三月に短縮している課税期間であり、その届出書の提出により一の課税期間とみなされる課税期間も含みます（消法19）。

⑤ 恒久的施設を有しない場合
- ○ 2割特例の適用を受けようとする課税期間の初日において恒久的施設（所得税法又は法人税法に規定する「恒久的施設」をいいます。）を有しない国外事業者の令和6年10月1日以後に開始する課税期間（28年改正法附則51の2①）

≪登録日前に相続があった場合の「2割特例」の適用の可否≫

問

　2割特例は、「インボイス発行事業者の登録をしなければ、課税事業者になることはなかった者」が対象となっていますが、インボイス発行事業者の登録を受けていない課税事業者である被相続人の事業を相続により承継し、課税事業者となった相続人は2割特例の適用を受けることはできないのでしょうか。

(答)

　2割特例は、インボイス制度を機にインボイス発行事業者となった小規模事業者の負担を軽減するために設けられた措置ですので、インボイス発行事業者の登録と関係なく課税事業者となる場合については、対象外とされています。ただし、相続のあった日が、登録日の前後で適用関係が異なりますので、注意が必要です。

　例えば、令和5年10月1日からインボイス発行事業者の登録を受けることとしていた事業者が、令和5年6月30日に相続により課税事業者である父親の事業を承継した場合には、インボイス発行事業者の登録とは関係なく、令和5年7月1日（相続のあった日の翌日）から課税事業者となりますので、令和5年分（7月～12月まで）について2割特例を適用することはできません（28年改正法附則51の2①三）。

　また、令和6年分及び7年分についても、通常であれば、相続があったことを理由に課税事業者となりますので適用対象外となり、令和8年分については、相続人自身の令和6年分の課税売上高が1,000万円を超えている場合には、適用対象外となります。

Ⅵ インボイス発行事業者となる小規模事業者の税額計算（2割特例）

≪参考図≫

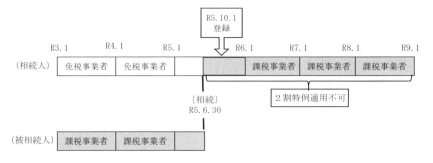

ただし、登録日以後に相続があった場合には、予期せぬ相続により課税期間の途中から2割特例の適用が受けられないことになるのは不適当との理由から、相続があった日の属する課税期間については2割特例の適用を受けることができます（28年改正法附則51の2①本文）。

なお、令和6年分から8年分については、上記と同様の取扱いとなります。

≪参考図≫

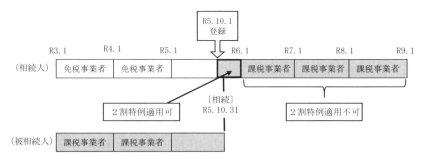

3　2割特例の適用対象期間

　2割特例を適用できる期間は、令和5年10月1日から令和8年9月30日までの日の属するそれぞれの課税期間となります。例えば、令和5年10月1日から登録を受ける場合には、個人事業者であれば令和5年10月〜12月までの申告、その翌年分から令和8年分の申告までの4回分の申告（下図①）、3月決算の法人であれば令和5年10月〜翌年3月までの申告、その翌年度から令和8年度の申告までの4回分の申告（下図②）について適用できます。

　なお、2割特例の適用対象者は、インボイス発行事業者の登録をしたことにより、課税事業者となった者に限られるので、そもそも基準期間における課税売上高が1,000万円を超えたことにより、課税事業者となった課税期間は適用対象外となります（下図③）。

　また、令和5年10月1日の属する課税期間であって、課税事業者選択届出書の提出により同日前から引き続き課税事業者となっている課税期間や、基準期間の課税売上高が1,000万円を超えること等により課税事業者となっている課税期間については2割特例の適用はありません。しかし、2割特例の適用対象かどうかは課税期間ごとに判定しますので、その翌課税期間以後については、納税義務の免除の特例等が適用される課税期間に該当しない限り、2割特例の適用対象となります（下図④）。

Ⅵ インボイス発行事業者となる小規模事業者の税額計算（2割特例）

① 個人事業者

個人事業者は、令和5年10月～12月の申告から令和8年分の申告までの4回分の申告において適用が可能。

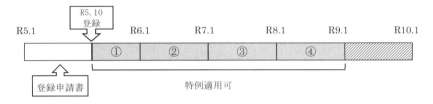

② 法人（3月決算の場合）

3月決算法人は、令和5年10月～翌年3月の申告から令和8年度の申告までの4回分の申告において適用が可能。

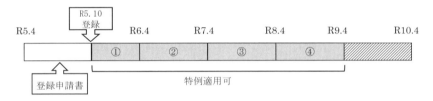

③ 基準期間における課税売上高が1,000万円を超える場合

2年前の課税売上高が1,000万円を超える課税期間（年）がある場合、その課税期間は適用対象外。

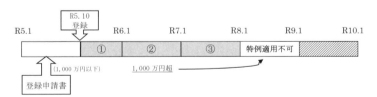

※ 基準期間である令和6年の課税売上高が1,000万円を超えているので、令和8年は2割特例の適用対象となりません。

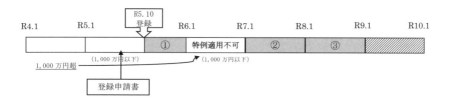

※ 基準期間である令和4年の課税売上高が1,000万円を超えているので、令和6年は2割特例の適用対象となりませんが、令和5年と令和6年の課税売上高が1,000万円以下なので、令和7年と令和8年は2割特例の適用対象となります。

④ 課税事業者がインボイス発行事業者となった場合

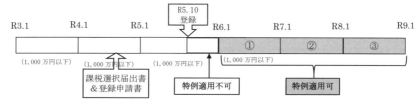

※ 令和4年中に課税事業者選択届出書を提出し、令和5年10月1日前から引き続き課税事業者となっていますので、令和5年10月〜12月は2割特例の適用対象となりません。しかし、令和4年〜6年の課税売上高が1,000万円以下なので、令和6年〜8年は2割特例の適用対象となります。

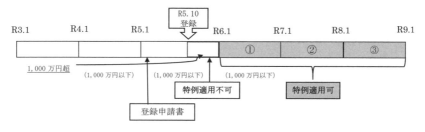

※ 令和3年の課税売上高が1,000万円を超えているので、令和5年

Ⅵ　インボイス発行事業者となる小規模事業者の税額計算（2割特例）

は2割特例の適用対象となりませんが、令和4年〜6年の課税売上高が1,000万円以下なので、令和6年〜8年は2割特例の適用対象となります。

4　2割特例の選択手続

　2割特例の適用対象者は、ほとんどがこれまでに消費税の申告をしたことのない者となるので、事前の手続を要請するのは、手続き面での負担を強いることになり、また、2割特例を適用するかを検討するための時間も必要であると考えられます。そこで、2割特例の適用を受けようとする場合には、確定申告書にその旨を付記すればよく、簡易課税制度のように事前の届出をしなくてもよいこととされています（28年改正法附則51の2③）。

　すなわち、本則課税と2割特例のどちらで申告するかは、申告時に選択すればよいこととし、既に登録申請書とともに簡易課税制度選択届出書を提出している者も、申告時に簡易課税と2割特例を選択すればよいこととなっています。そして、既に提出した簡易課税制度選択届出書を取り下げる必要もないこととされています。

　なお、多額の設備投資などがあり、課税仕入れ等に係る消費税額が課税売上げに係る消費税額を上回る場合、一般課税であれば還付税額が生じますが、簡易課税制度や2割特例を適用している場合には、通常、還付税額が生じることはありませんので、その点も踏まえ申告方法を検討する必要があります。

> **重要点メモ！**
>
> ## 営む事業によっては得にならない場合も
>
> 「2割特例」による消費税額の計算方法は、みなし仕入率が80％（第二種事業）である場合の簡易課税制度と同じ計算方法となります。したがって、第一種事業（みなし仕入率90％）を営む事業者は、簡易課税制度によって計算した方が有利になります。
>
> ○ 簡易課税制度のみなし仕入率
>
> | 事業区分 | 該当する事業 | みなし仕入率 |
> | --- | --- | --- |
> | 第一種事業 | 卸売業 | 90％ |
> | 第二種事業 | 小売業、農林漁業（飲食料品の譲渡に係る事業） | 80％ |
> | 第三種事業 | 農林漁業（飲食料品の譲渡に係る事業を除きます。）、鉱業、建設業、製造業（製造小売業を含みます。）、電気業、ガス業、熱供給業及び水道業 | 70％ |
> | 第四種事業 | 他の事業区分以外の事業（飲食店業等） | 60％ |
> | 第五種事業 | 運輸通信業、金融業及び保険業、サービス業（飲食店業に該当する事業を除きます。） | 50％ |
> | 第六種事業 | 不動産業 | 40％ |

Ⅵ　インボイス発行事業者となる小規模事業者の税額計算（2割特例）

≪誤って2割特例を適用した場合の更正の請求の可否≫

問

　当社は、ハンドメイドのアクセサリーを仕入れ、小売店に販売する事業を営んでいます。これまで免税事業者でしたが、令和5年10月1日からインボイス発行事業者の登録を受け、令和6年9月期について初めて消費税の確定申告を行いました。
　その後、2割特例を適用するよりも簡易課税制度を適用した方が有利なことに気付きましたが、この場合、更正の請求は認められるのでしょうか。

(答)

　簡易課税制度を適用した場合、貴社の事業は第一種事業（みなし仕入率90％）に該当しますので、簡易課税制度によって計算した方が有利になります。

　しかし、更正の請求が認められるのは、申告書に記載した課税標準等若しくは税額等の計算が国税に関する法律の規定に従っていなかつたこと又はその計算に誤りがあつたことにより、その申告書の提出により納付すべき税額が過大であるときとされています（国税通則法23①）。

　ご質問の場合には、これに該当しませんので、更正の請求は認められません。

(注)　2割特例を適用し（又は適用せずに）、消費税の申告を行った場合には、その後、その申告について修正申告や更正の請求により、2割特例を適用しないこととする（又は適用する）ことはできません。

5　簡易課税制度への移行措置

　２割特例の適用対象期間は３年間ですが、その期間が終了した課税期間の翌課税期間に簡易課税制度の適用を受けたい場合には、翌課税期間中に簡易課税選択届出書を提出すればよいこととされています（28年改正法附則51の２⑥）。下図①の場合は、令和９年中に簡易課税選択届出書を提出すれば、令和９年から簡易課税制度を適用できます。

　また、基準期間における課税売上高が1,000万円を超えたことにより、課税事業者となった課税期間は２割特例の適用対象外となり、下図②の場合は、令和５年の課税売上高が1,000万円を超えているので、令和７年については２割特例の適用を受けることはできないということになります。２割特例の適用を受けることができない令和７年について、簡易課税制度の適用を受けたいという場合には、令和７年中に簡易課税選択届出書を提出すれば適用を受けることができます。

①　３年間の特例期間が終了する翌課税期間において、簡易課税を適用する場合

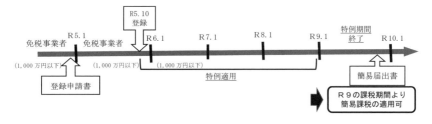

Ⅵ インボイス発行事業者となる小規模事業者の税額計算（２割特例）

② 基準期間における課税売上高が1,000万円を超える課税期間がある場合

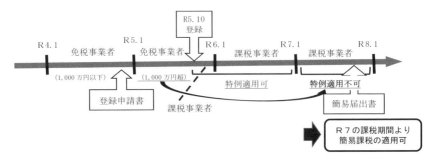

VII

インボイス制度と特定収入による仕入税額の制限調整

Ⅶ　インボイス制度と特定収入による仕入税額の制限調整

　インボイス制度の導入により、仕入税額控除の適用を受けるための要件がインボイス等の保存とされたことから、国、地方公共団体、公共法人等（消費税法別表第3に掲げる法人）及び人格のない社団等（以下これらを合わせて**「公共法人等」**といいます。）がインボイス発行事業者以外の者から課税仕入れを行った場合においては、特定収入がある場合の仕入控除税額の調整計算による仕入税額控除の制限が過大となる事象が生じます。

　そのため、課税仕入れ等に係る特定収入をインボイス発行事業者以外の者からの課税仕入れに充てたことが客観的な文書により確認できる場合には、その課税仕入れに係る消費税相当額を取り戻すことができることとされています。

1　公共法人等に係る仕入控除税額の制限調整の概要

　消費税は、国内において資産の譲渡等を行う個人事業者及び法人を納税義務者としており、公益法人等も国内において資産の譲渡等を行う限りにおいては、営利法人と同様に消費税の納税義務があります（消法5①）。

　また、課税仕入れについて仕入税額控除の適用を受けるためには、一定の事項が記載された帳簿とインボイス等の保存が必要となります（消法30⑦）。

　ところで、公共法人等の事業活動は公共性が強いものであることから法令上各種の制約を受けたり、国又は地方公共団体等の財政的な援助を受けるなど、営利法人と比べて特殊な面が多いことから、消費税法上、特例が設けられています。

消費税法における仕入税額控除制度は、税の累積を排除するためのものですから、課税仕入れ等の税額のうち課税売上げに対応するもの、言い換えれば、課税売上げによって賄われる課税仕入れ等の税額を控除する制度です。

しかし、公共法人等のように、補助金等の課税売上げに該当しない収入（以下**「特定収入」**といいます。）を恒常的に財源としている場合で一定の場合（注１）には、特定収入で賄われる課税仕入れ等の税額は仕入控除税額から減算する仕組みとなっており、これをイメージで示すと【図１】のとおりとなります。

(注１) その課税期間における特定収入割合が５％を超える場合に制限調整を行うこととされており、特定収入割合は次の算式によって計算します。

$$\text{特定収入割合} = \frac{\text{特定収入の合計額}}{\text{売上高（税抜課税＋免税＋非課税＋国外）＋特定収入の合計額}}$$

【図１】

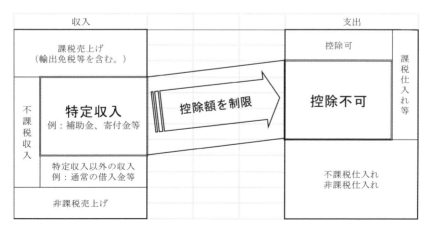

2　免税事業者等からの課税仕入れに充てられた特定収入がある場合の調整

　令和5年10月1日以後の免税事業者等（消費者、免税事業者又はインボイス発行事業者の登録を受けていない課税事業者をいいます。以下同じです。）からの課税仕入れについては、インボイスの交付を受けることができないので、原則として仕入税額控除ができません。

　一方、特定収入がある場合の仕入控除税額の制限調整においては、特定収入の使途がインボイス発行事業者から行うものであるか否かを区別することなく、特定収入のあった課税期間においてその特定収入の金額により制限調整することとされています（消令75④）。このため、これまでと同様の方法により仕入税額控除の制限調整を行うと、仕入控除税額が過大に制限される場合が生じます。

　そこで、課税仕入れ等に係る特定収入により仕入控除税額の制限調整を行った場合において、国へ報告する文書（実績報告書など）等により、免税事業者等からの仕入れに係る支払対価の合計額を明らかにしているときは、過大に制限された額（以下「**取戻し額**」といいます。）をその明らかにした課税期間における課税仕入れ等の税額の合計額に加算できることとされています（消令75⑧）。

　ところで、インボイス制度開始から一定の期間は、仕入税額相当額の80％（令和5年10月1日から令和8年9月30日まで）又は50％（令和8年10月1日から令和11年9月30日まで）相当額を仕入税額とみなして控除できる経過措置が設けられています（28年改正法附則52、53）。

　したがって、公共法人等が、令和5年10月1日以後に免税事業者等から課税仕入れを行った場合、前課税期間に特定収入がある場合の仕

入税額控除の制限調整は既に行っていますので、免税事業者等からの課税仕入れに係る仕入税額についても結果的に全額（100％）が制限された状態となっています。しかし、例えば、仕入税額相当額の80％控除の経過措置が適用される課税期間においては、この仕入税額については80％相当額しか控除していないので、20％相当額が過大に制限された状態となってしまいます。

そこで、この20％相当額を当課税期間の課税仕入れ等の税額の合計額に加算して取り戻すという仕組みになっており、これをイメージで示すと【図2】のとおりです。

【図2】

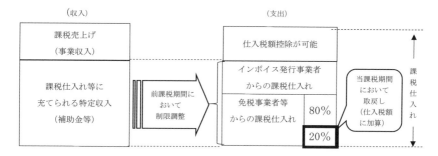

3　具体的な調整方法

「取戻しの対象となる特定収入」につき仕入税額控除の制限調整が行われている場合において、交付要綱等によりその使途を報告すべきこととされている文書等（消令75①六ロ）により免税事業者等から行った課税仕入れに係る支払対価の額（以下**「控除対象外仕入れに係る支払対価の額」**といいます。）の合計額を明らかにしているときは、簡易課税制度や2割特例の適用を受けている場合を除き、控除対象外

Ⅶ インボイス制度と特定収入による仕入税額の制限調整

仕入れに係る支払対価の額の合計額に係る消費税相当額に「1－調整割合」（注2）を掛けた金額（取戻し額）をその明らかにした課税期間における課税仕入れ等の税額の合計額に加算できることとされています（消令75⑧）。ここで、「取戻しの対象となる特定収入」とは、次の算式により計算した割合が5％を超える場合のその特定収入をいうこととされています（消令75⑨）。

$$\frac{\text{課税仕入れ等に係る特定収入により支出された控除対象外仕入れに係る支払対価の合計額}}{\text{課税仕入れ等に係る特定収入により支出された課税仕入れに係る支払対価の合計額}} > 5\%$$

（注2）「1－調整割合」とは、その課税期間において、次の算式により計算した割合をいいます。

$$1-\text{調整割合} = \frac{\text{売上高（税抜課税＋免税＋非課税＋国外）}}{\text{課税仕入れ等に係る特定収入以外の特定収入の合計額（使途不特定の特定収入）} + \text{分子の金額}}$$

例えば、課税仕入れ等に係る特定収入のあった課税期間における課税売上高が5億円以下で、課税売上割合が95％以上である場合の具体的な計算方法は次のとおりです（消令75⑧一）。

> 取戻し額＝控除対象外仕入れに係る支払対価の額の合計額（※）×
> 7.8/110×（1－調整割合）
>
> ※　控除対象外仕入れに係る支払対価の額には、免税事業者である課税期間及び簡易課税制度又は2割特例の適用を受ける課税期間において免税事業者等から行った課税仕入れに係る支払対価の額は含まれません。また、控除対象外仕入れに係る支払対価の額は、免税事業者等から行った課税仕入れであることにより仕入税額控除の適用を受けないこととなるものに限られます（消令75⑧かっこ書）。
>
> 　なお、軽減対象課税資産の仕入れである場合は、7.8/110に代えて6.24/108で計算します。

　なお、上記2のとおり、免税事業者等からの課税仕入れであっても、一定期間は一定の額を仕入税額控除できますので、令和5年10月1日から令和8年9月30日までは取戻し額の20％、令和8年10月1日から令和11年9月30日までは取戻し額の50％を課税仕入れ等の税額の合計額に加算することとなります（改正令附則22②、23②）。

VIII
インボイス発行事業者の登録制度

Ⅷ　インボイス発行事業者の登録制度

1　登録手続の概要

　インボイスを交付できるのは、登録を受けたインボイス発行事業者に限られますが、この登録を受けるかどうかは事業者の任意です（消法57の2①）。

　インボイス発行事業者の登録を受けようとする事業者（登録を受けることができるのは、課税事業者に限られます。）は、納税地を所轄する税務署長に「適格請求書発行事業者の登録申請書」（以下**「登録申請書」**といいます。）を提出する必要があります（消法57の2②）。登録申請書が提出されると、その申請者が登録拒否要件に該当しない場合には、適格請求書発行事業者登録簿に登載され、登録を受けた事業者に対してその旨が通知されます（消法57の2③④⑤⑦）。

　なお、免税事業者であっても、例えば、次の場合のように、登録を受けようとする課税期間において課税事業者となるときは、登録申請書を提出することができます（消基通1-7-1）。

① 　免税事業者である事業者が、基準期間における課税売上高が1,000万円超であることにより、翌課税期間から課税事業者となる場合

② 　免税事業者である事業者が、課税事業者選択届出書を提出し、課税事業者となることを選択する場合

> **重要点メモ！**
>
> ### 基準期間における課税売上高が1,000万円以下となった場合の納税義務
>
> 　その課税期間の基準期間における課税売上高が1,000万円以下の事業者は、原則として、消費税の納税義務が免除され、免税事業者となります。
> 　しかし、インボイス発行事業者の登録を受けると、基準期間における課税売上高が1,000万円以下になったとしても、登録の効力が失われない限り課税事業者となりますので、消費税の申告が必要となります（消法9①かっこ書、消基通1-4-1の2）。

2　登録申請書の提出期限

(1)　免税事業者が登録を受ける場合

　免税事業者がインボイス発行事業者の登録を受ける場合には、課税事業者選択届出書を提出し、課税事業者となる必要があります。

　なお、納税義務の免除の規定の適用を受けないこととなる課税期間の初日（令和5年10月2日以後開始する課税期間分に限ります。）から登録を受けようとする場合は、その課税期間の初日から起算して15日前の日までに提出する必要があります（消法57の2②、消令70の2、消基通1－7－1㈲）。

①　個人事業者の例

　令和7年1月1日（課税期間の初日）から登録を受けようとする場合には、令和6年12月17日までに登録申請書を提出する。

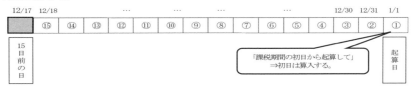

Ⅷ インボイス発行事業者の登録制度

② 3月決算法人の例

令和7年4月1日（課税期間の初日）から登録を受けようとする場合には、令和7年3月17日までに登録申請書を提出する。

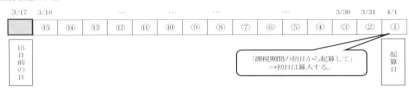

(2) 免税事業者が登録を受ける場合の経過措置

　免税事業者が、令和5年10月1日から令和11年9月30日までの日の属する課税期間において、令和5年10月2日以後の日に登録を受ける場合、登録申請書に登録希望日（提出日から15日以降の登録を受ける日として事業者が希望する日）を記載し、その登録希望日から登録を受けることができます（以下「**登録に関する経過措置**」といいます。）（28年改正法附則44④、改正令附則15②）。例えば、免税事業者が令和7年2月1日（登録希望日）に登録を受けようとする場合には、登録申請書に登録希望日を令和7年2月1日と記載し、令和7年1月17日までに提出する必要があります。

　この場合において、登録申請書を提出すれば、課税選択届出書の提出は必要ありません（消基通21-1-1）。

　また、税務署長による登録が完了した日が登録希望日後となった場合であっても、登録希望日に登録を受けたものとみなされます（改正令附則15③）。

(注)　登録に関する経過措置の適用を受ける登録日の属する課税期間が令和5年10月1日を含まない場合は、登録日の属する課税期間の翌課税期間から登録日以後2年を経過する日の属する課税期間までの各課税期間については免税事業者となることはできません（28年改

正法附則44⑤)。

 したがって、「適格請求書発行事業者の登録の取消しを求める旨の届出書」を提出し、登録の効力が失われても、基準期間の課税売上高にかかわらず、課税事業者として消費税の申告が必要となります。

≪例≫ 個人事業者又は12月決算法人が、この経過措置により令和7年2月1日に登録を受け、令和8年9月30日に取消手続を行った場合

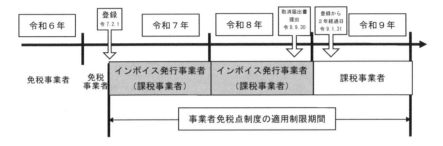

(3) 年の中途から登録を受けた場合の納税義務

> ① 免税事業者である個人事業者が令和7年の中途にインボイス発行事業者の登録を受けた場合（登録に際して令和7年分を適用開始課税期間とする課税事業者選択届出書を提出した場合を除きます。）

 令和7年分について免税事業者である個人事業者が、例えば令和7年7月1日からインボイス発行事業者の登録を受けた場合には、登録日である令和7年7月1日以後は課税事業者となりますので、令和7年7月1日から令和7年12月31日までの期間に行った課税資産の譲渡等及び特定課税仕入れについて、令和7年分の消費税の申告が必要と

Ⅷ インボイス発行事業者の登録制度

なります（28年改正法附則44④）。

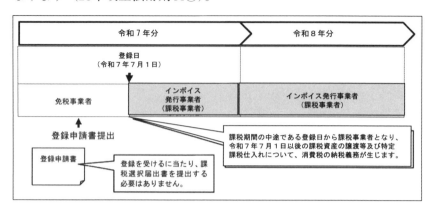

(注) 令和7年7月1日から登録を受けることとなった場合において、登録日の前日である令和7年6月30日に、免税事業者であった期間中に国内において譲り受けた課税仕入れに係る棚卸資産や保税地域からの引取りに係る課税貨物で棚卸資産に該当するものを有しており、その棚卸資産又は課税貨物について明細を記録した書類を保存しているときは、その棚卸資産又は課税貨物に係る消費税額について仕入税額控除の適用を受けることができます（改正令附則17）。

---

② 令和7年分について課税事業者である個人事業者が令和7年の中途にインボイス発行事業者の登録を受けた場合（令和7年分を適用開始課税期間とする課税事業者選択届出書を提出している場合を含みます。）

令和7年分について課税事業者である個人事業者が、例えば令和7年7月1日からインボイス発行事業者の登録を受けた場合、同日からインボイス発行事業者となりますが、その課税期間（令和7年1月1

日から12月31日まで）中に行った課税資産の譲渡等及び特定課税仕入れについて、令和7年分の消費税の申告が必要となります。

Ⅷ インボイス発行事業者の登録制度

Ⅷ　インボイス発行事業者の登録制度

≪課税期間の途中から課税事業者となった場合の基準期間の課税売上高≫

問

　免税事業者である個人事業者が、令和6年10月1日からインボイス発行事業者となった場合、令和8年分の申告における基準期間（令和6年分）における課税売上高には、免税事業者であった令和6年1月から9月までの金額が含まれますか。

(答)

　インボイス発行事業者となったことにより、令和6年10月1日から課税事業者となった個人事業者が、令和8年分の消費税の確定申告を行う際の基準期間は令和6年分となりますが、この場合の基準期間における課税売上高（税抜）は、その個人事業者が免税事業者であった期間（令和6年1月から9月）の課税売上高を含む金額で計算することとなります（消法9②一）。

　また、その免税事業者であった期間に係る課税売上高については税抜処理を行わず、その売上げ（非課税売上げ等を除きます。）がそのまま課税売上高となりますので（消基通1－4－5）、以下の例のとおり計算することとなります。

【計算例】※全て適用税率は10％

① 令和6年1月～9月　　課税売上高5,500,000円
② 令和6年10月～12月　課税売上高4,400,000円

⇒ ① 5,500,000円 ＋ ② 4,400,000円×100／110 ＝ 9,500,000円
　　　そのまま計算　　　　　　税抜処理

(4) 登録に関する経過措置の適用を受けた場合の簡易課税制度の選択

登録に関する経過措置の適用を受ける事業者が、登録日の属する課税期間から簡易課税制度の適用を受けようとする場合には、登録日の属する課税期間中にその課税期間から簡易課税制度の適用を受ける旨を記載した簡易課税選択届出書を提出することにより、その課税期間から簡易課税制度の適用を受けることができます（改正令附則18）。

≪例≫ 免税事業者である個人事業者が令和7年7月1日から登録を受けた場合で、令和7年分の申告において簡易課税制度の適用を受けるとき

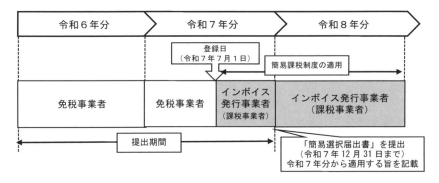

3　登録の拒否

登録を受けようとする事業者が、以下の事業者の区分に応じ、それぞれ次のいずれかの事実に該当しない限り、原則として、登録を拒否されることはありません（消法57の2⑤）。

Ⅷ　インボイス発行事業者の登録制度

① 特定国外事業者以外の事業者の場合
- 納税管理人を定めなければならない事業者が、納税管理人の届出をしていないこと
- 消費税法の規定に違反して罰金以上の刑に処せられ、その執行を終わり、又は執行を受けることがなくなった日から2年を経過しない者であること

② 特定国外事業者の場合
- 消費税に関する税務代理の権限を有する税務代理人がないこと
- 納税管理人の届出をしていないこと
- 現に国税の滞納があり、かつ、その滞納額の徴収が著しく困難であること
- 登録を取り消され（次のイ又はロのいずれかに該当したことにより取り消された場合に限ります。）、その取消しの日から1年を経過しない者であること
  - イ　消費税につき期限内申告書の提出がなかった場合において、その提出がなかったことについて正当な理由がないと認められること
  - ロ　現に国税の滞納があり、かつ、その滞納額の徴収が著しく困難であること
- 消費税法の規定に違反して罰金以上の刑に処せられ、その執行を終わり、又は執行を受けることがなくなった日から2年を経過しない者であること
  - (注)1　例えば、法人が消費税法の規定に違反して罰金以上の刑に処せられた場合において、その法人の代表者が法人とともに罰金以上の刑に処せられたときは、その執行が終わり、又は執行を

受けることがなくなった日から2年を経過しなければ、代表者は個人事業者としての登録も受けることができません。

2 「罰金以上の刑」には、各種加算税や延滞税の賦課決定処分は含まれません。

4 登録の効力

登録の効力は、通知の日にかかわらず、適格請求書発行事業者登録簿に登載された日（以下**「登録日」**といいます。）から生じます。このため、登録日以降の取引については、相手方（課税事業者に限ります。）の求めに応じ、インボイスを交付する義務が生じます（消法57の4①）。

> **重要点メモ！**
> ### 登録日から登録の通知を受けるまでの間の取扱い
>
> 登録日から登録の通知を受けるまでの間の取引について、相手方に交付した請求書には登録番号等の記載がないため、インボイスの記載事項を満たしていないことになります。このような場合には、通知を受けた後、登録番号や税率ごとに区分した消費税額等を記載し、インボイスの記載事項を満たした請求書を改めて相手方に交付する必要がありますが、通知を受けた後に登録番号などのインボイスの記載事項として不足する事項を相手方に書面等で通知することで、既に交付した請求書と合わせてインボイスの記載事項を満たすことができます（消基通1-7-3(注)1）。
> この場合、書面等の交付を受ける事業者がインボイスの記載事項を適正に認識できるよう、既に交付した書類との相互の関連を明確にする必要があります。

5 インボイス発行事業者の情報の公表

インボイス発行事業者の登録を受けると、その事業者の情報が「国税庁適格請求書発行事業者公表サイト」において公表されます。

VIII インボイス発行事業者の登録制度

　また、インボイス発行事業者の登録が取り消された場合又は効力を失った場合、その年月日が「国税庁適格請求書発行事業者公表サイト」に公表されます。

　具体的な公表情報については、次のとおりです（消法57の2④⑪、消令70の5①②）。

法定の公表事項

① インボイス発行事業者の氏名（※1）又は名称

② 法人（人格のない社団等を除きます。）については、本店又は主たる事務所の所在地

③ 特定国外事業者以外の国外事業者については、国内において行う資産の譲渡等に係る事務所、事業所その他これらに準ずるものの所在地

④ 登録番号（※2）　⑤ 登録年月日　⑥ 登録取消年月日、登録失効年月日

※1　個人事業者の氏名について、「住民票に併記されている外国人の通称」若しくは「住民票に併記されている旧氏（旧姓）」を氏名として公表することを希望する場合又はこれらを氏名と併記して公表することを希望する場合は、登録申請書と併せて、必要事項を記載した「適格請求書発行事業者の公表事項の公表（変更）申出書」を提出する必要があります。

※2　登録番号の構成は、次のとおりです（消基通1-7-2）。

　① 法人番号を有する課税事業者
　「T」+法人番号（数字13桁）

　② ①以外の課税事業者（個人事業者、人格のない社団等）
　「T」+マイナンバー以外で法人番号と重複しない番号（数字13桁）

> (注)1 一度付番された登録番号は、変更することはできません。
> 2 13桁の数字には、マイナンバー（個人番号）を用いず、法人番号とも重複しない事業者ごとの番号となります。

本人の申出に基づく追加の公表事項

次の①、②の事項について公表することを希望する場合には、必要事項を記載した「適格請求書発行事業者の公表事項の公表（変更）申出書」を提出する必要があります。
① 個人事業者の「主たる屋号」、「主たる事務所の所在地等」
② 人格のない社団等の「本店又は主たる事務所の所在地」

なお、公表事項に変更が生じた場合には、一定の手続が必要です。

手続が必要な場合	提出する届出書
次の事項に変更があった場合 ・氏名又は名称 ・（法人のみ）本店又は主たる事務所の所在地	適格請求書発行事業者登録簿の登載事項変更届出書
適格請求書発行事業者の公表事項の公表（変更）申出書に記載した公表事項に変更があった場合	適格請求書発行事業者の公表事項の公表（変更）申出書

「国税庁適格請求書発行事業者公表サイト」では、交付を受けた請求書等に記載された登録番号を基にして検索する方法により、インボイス発行事業者の氏名・名称や登録年月日などの公表情報を確認することができます。

Ⅷ インボイス発行事業者の登録制度

> **重要点メモ！**
>
> **インボイス発行事業者の登録に当たっての検討事項**
>
> 　インボイスを交付できるのは、登録を受けたインボイス発行事業者に限られますが、インボイス発行事業者の登録を受けるかどうかは事業者の任意です（消法57の2①、57の4①）。
> 　ただし、登録を受けなければインボイスを交付することができないため、取引先が仕入税額控除を行うことができませんので、このような点を踏まえ、登録の必要性を検討する必要があります。
> 　また、インボイス発行事業者は、販売する商品に軽減税率対象品目があるかどうかを問わず、取引の相手方（課税事業者に限ります。）から交付を求められたときには、インボイスを交付しなければなりません。
> 　一方で、例えば、次に掲げるような免税事業者は、インボイスを交付できなくても取引に影響を受けないと考えられます。
> ① 売上先が消費者又は免税事業者である場合
> 　消費者や免税事業者は仕入税額控除を行わないため、インボイスの保存を必要としません。
> ② 売上先の事業者が簡易課税制度又は2割特例を適用している場合
> 　簡易課税制度又は2割特例を適用している事業者は、インボイスの保存がなくても仕入税額控除を行うことができます。
> ③ 売上先が非課税売上げのみの事業者の場合
> 　非課税売上げに対応する課税仕入れについては仕入税額控除を行うことができませんので、例えば医療や介護など、消費税が非課税とされるサービス等だけを提供している事業者に対して、そのサービス等のために必要な物品を販売している場合なども、取引への影響は生じないと考えられます。しかし、事前に売上先と調整しておくことが重要です。

6　インボイス発行事業者の登録の取りやめ及び失効

　インボイス発行事業者は、納税地を所轄する税務署長に「適格請求書発行事業者の登録の取消しを求める旨の届出書」（以下**「登録取消届出書」**といいます。）を提出することにより、インボイス発行事業者の登録の効力を失わせることができます（消法57の2⑩一）。

　登録取消届出書を提出した課税期間の翌課税期間の初日から登録を取り消そうとする場合には、その翌課税期間の初日から起算して15日

前の日までにこの届出書を提出しなければなりません(消令70の5③)。

したがって、登録取消届出書を翌課税期間の初日から起算して15日前の日を過ぎて提出した場合は、翌々課税期間の初日に登録の効力が失われます。

㊟ 「翌課税期間の初日から起算して15日前の日」が日曜日、国民の祝日に関する法律に規定する休日その他一般の休日、土曜日又は12月29日〜31日であったとしても、これらの日の翌日とはなりません。

① インボイス発行事業者である法人(3月決算)が令和7年3月17日に登録取消届出書を提出した場合

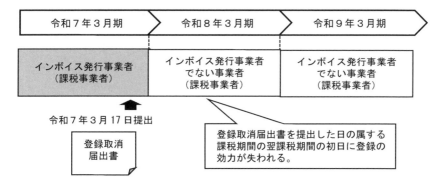

Ⅷ　インボイス発行事業者の登録制度

② インボイス発行事業者である法人（3月決算）が令和7年3月25日に登録取消届出書を提出した場合（届出書を、翌課税期間の初日から起算して15日前の日を過ぎて提出した場合）

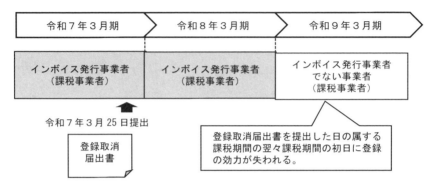

　また、事業者が事業を廃止した場合は「事業廃止届出書」を、合併による消滅の事実があった場合は「合併による法人の消滅届出書」を、納税地を所轄する税務署長に提出する必要があります（消法57①三、五）。

　なお、「事業廃止届出書」を提出した場合は事業を廃止した日の翌日に、「合併による法人の消滅届出書」を提出した場合は法人が合併により消滅した日に、インボイス発行事業者の登録の効力が失われます（消法57の2⑩）。

(注)　これらの届出書を提出していない場合であっても、税務署長は、事業を廃止したと認められる場合、合併により消滅したと認められる場合にはインボイス発行事業者の登録を取り消すことができます（消法57の2⑥）。

> **重要点メモ！**
>
> **インボイス発行事業者が免税事業者になるためには**
>
> インボイス発行事業者は、「登録取消届出書」を提出することにより登録の効力を失わせることができますが、「課税事業者選択届出書」を提出して課税事業者となった場合には、「登録取消届出書」と併せて「課税事業者選択不適用届出書」を提出すれば、その提出した日の属する課税期間の翌課税期間について、基準期間の課税売上高が1,000万円以下の場合、その課税期間は免税事業者となります。
>
> ただし、令和5年10月1日から令和11年9月30日までの日の属する課税期間中に「課税事業者選択届出書」を提出することなく、「登録申請書」の提出のみでインボイス発行事業者となった場合は、「課税事業者選択不適用届出書」の提出は不要です。

7 インボイス発行事業者の登録の取消し

次に掲げる取消事由に該当する場合には、インボイス発行事業者の登録が取り消されることがあります（消法57の2⑥）。

イ 特定国外事業者以外の事業者である場合
ロ 1年以上所在不明であること（「所在不明」とは、例えば、消費税の申告書の提出がないなどの場合において、文書の返戻や電話の不通をはじめとして、事業者と必要な連絡が取れないときなどが該当します。）
ハ 事業を廃止したと認められること
ニ 合併により消滅したと認められること（法人の場合）
ホ 納税管理人を定めなければならない事業者が、納税管理人の届出をしていないこと
ヘ 消費税法の規定に違反して罰金以上の刑に処せられたこと
ト 登録拒否要件に関する事項について、虚偽の記載をした登録申請

Ⅷ　インボイス発行事業者の登録制度

書を提出し、登録を受けたこと

② 特定国外事業者である場合
㋑ 事業を廃止したと認められること
㋺ 合併により消滅したと認められること
㋩ 期限内申告書の提出期限までに、消費税に関する税務代理の権限を有することを証する書面が提出されていないこと
㋥ 納税管理人を定めなければならない事業者が、納税管理人の届出をしていないこと
㋭ 消費税につき期限内申告書の提出がなかったことについて正当な理由がないと認められること
㋬ 現に国税の滞納があり、かつ、その滞納額の徴収が著しく困難であること
㋣ 消費税法の規定に違反して罰金以上の刑に処せられたこと
㋠ 登録拒否要件に関する事項について、虚偽の記載をした申請書を提出し、登録を受けたこと

8 新たに設立された法人等の登録時期の特例

　新たに設立された法人が、事業を開始した日の属する課税期間の初日から登録を受けようとする場合には、設立時の態様に応じて、次の手続をすることにより、税務署長により適格請求書発行事業者登録簿への登載が行われたときは、その課税期間の初日に登録を受けたものとみなされます（以下「**新たに設立された法人等の登録時期の特例**」といいます。）（消令70の4、消規26の4、消基通1－4－7、1－4－8）。

(1) 新たに設立された法人が免税事業者の場合

　新たに設立された法人が免税事業者である場合、事業開始（設立）時から、インボイス発行事業者の登録を受けるためには、設立後、その課税期間の末日までに、課税事業者選択届出書と事業を開始した日の属する課税期間の初日から登録を受けようとする旨を記載した登録申請書を併せて提出することが必要です。

Ⅷ インボイス発行事業者の登録制度

≪例≫ 令和Ｘ年11月１日に法人（３月決算）を設立し、令和Ｘ＋１年２月１日に登録申請書と課税事業者選択届出書を併せて提出した免税事業者である新設法人の場合

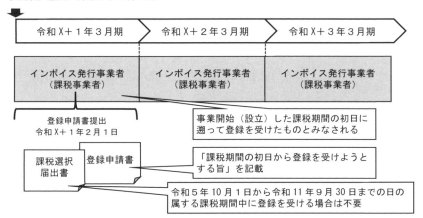

(注) 免税事業者が、令和５年10月１日から令和11年９月30日までの日の属する課税期間中に登録を受けることとなった場合には、登録日から課税事業者となる経過措置（上記２(2)を参照）が設けられていますので、新たに設立された免税事業者である法人が、この経過措置の適用を受けることとなる場合は、課税事業者選択届出書を提出する必要はありません。

(2) 新たに設立された法人が課税事業者の場合

　新たに設立された法人が課税事業者の場合については、事業を開始した課税期間の末日までに、事業を開始した日の属する課税期間の初日から登録を受けようとする旨を記載した登録申請書を提出することで、新たに設立された法人等の登録時期の特例の適用を受けることができます。

(注) 新設合併、新設分割、個人事業者の新規開業等の場合も同様です。

なお、吸収合併又は吸収分割により、登録を受けていた被合併法人又は分割法人の事業を承継した場合における吸収合併又は吸収分割があった日の属する課税期間についても新たに設立された法人等の登録時期の特例の適用があります（消基通1－7－6）。

9　相続があった場合の登録手続

インボイス制度下において仕入税額控除の適用を受けるためには、原則として、インボイスの保存が要件とされていることから、課税仕入れを行う事業者がインボイスの交付を受けることができないといったことが生じないよう、インボイス発行事業者には、取引の相手先である課税事業者からの求めがあったときには、インボイスを交付することが義務付けられています（消法57の4①）。

また、インボイス制度が的確に機能するためには、インボイス発行事業者の交付義務が果たされることが非常に重要となりますので、インボイス発行事業者が死亡した場合であっても、インボイスの交付に空白期間が生じることがないよう、制度的な手当てがされています。

(1)　インボイス発行事業者が死亡した場合の届出

課税事業者である個人事業者が死亡した場合には、その個人事業者の相続人は、「個人事業者の死亡届出書」を速やかに被相続人の納税地の所轄税務署長に提出しなければなりませんが（消法57①四）、死亡した者がインボイス発行事業者である場合には、これに代えて、「適格請求書発行事業者の死亡届出書」を提出しなければならないこととされています（消法57の3①）。したがって、「適格請求書発行事業者の死亡届出書」を提出すれば、「個人事業者の死亡届出書」の提

Ⅷ　インボイス発行事業者の登録制度

出は不要ということになります。

　そして、その相続人（インボイス発行事業者を除きます。）が、インボイス発行事業者である被相続人の事業を承継する場合には、「適格請求書発行事業者の死亡届出書」にその旨を記載することとされています（消令70の6①）。

(2)　死亡したインボイス発行事業者の登録の効力

　インボイス発行事業者の登録の効力は被相続人についてのものであり、事業を承継した相続人には及びませんので、インボイス発行事業者としての登録の効力は、被相続人の死亡と同時に失われることとなります。しかし、死亡と同時に、その事業についてインボイスの交付が行われなくなるとすれば、しばらくの間は取引先がインボイスの交付を受けることができなくなるといった事態が生じます。

　そこで、インボイス発行事業者が死亡した場合の登録の効力については、取引当事者間の事業に支障が生じないよう、一定の間は継続させることとし、次のいずれか早い日に失効させることとしています（消法57の3②）。

① 　相続人により「適格請求書発行事業者の死亡届出書」が提出された日の翌日

② 　死亡した日の翌日から4月を経過した日

(3)　インボイス発行事業者でない者が事業を承継した場合

　相続によりインボイス発行事業者の事業を承継した相続人が、自身もインボイス発行事業者であれば、自らの登録番号を使用してインボイスを交付することができますので、特段の支障は生じないものと考えられます。

しかし、事業を承継した相続人がインボイス発行事業者でなかった場合には、インボイス発行事業者の登録を申請してから登録されるまでは一定の期間を要しますので、相続人の登録が完了するまで何らかの猶予を設ける必要があります。そこで、このような場合には、相続のあった日の翌日から、次に掲げるいずれか早い日までの期間（以下「**みなし登録期間**」といいます。）は、その相続人をインボイス発行事業者の登録を受けた事業者とみなすと同時に、そのみなし登録期間の間は、被相続人の登録番号を相続人の登録番号とみなすこととされています（消法57の3③）。

①　その相続人がインボイス発行事業者の登録を受けた日の前日
②　その相続に係るインボイス発行事業者が死亡した日の翌日から4月を経過する日

　すなわち、みなし登録期間中は、被相続人の登録番号を事業を承継した相続人の登録番号とみなすこととされていますので、この間は、被相続人の登録番号は失効しないことになります。

≪参考図≫

イ　死亡した日の翌日から4月以内に登録を受けた場合

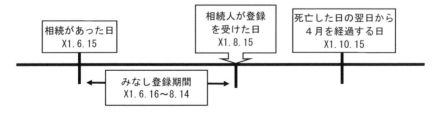

　㊟　登録を受けた日（X1年8月15日）以降は、相続人の登録番号によりインボイスを交付できます。

Ⅷ　インボイス発行事業者の登録制度

□　死亡した日の翌日から４月を経過後に登録を受けた場合

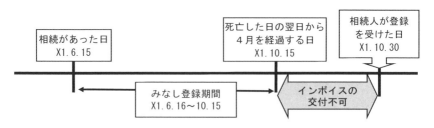

(注)　死亡した日の翌日から４月を経過する日の翌日から登録を受けるまでの間（Ｘ１年10月16日～Ｘ１年10月29日）は、インボイスを交付することができません。

このように、その事業を承継した相続人が、被相続人の死亡後も途切れることなくインボイスを交付することができるようにするためには、死亡した日の翌日から４月以内にインボイス発行事業者の登録を受ける必要があります。

(4)　みなし登録期間の延長

相続は、予期せぬ状況で発生するものですから、インボイス発行事業者の登録申請書の提出が遅れ、みなし登録期間中に登録を受けることができなかったというケースも十分に考えられます。

そこで、このような場合の救済措置として、事業を承継した相続人がみなし登録期間中に登録申請書を提出した場合において、みなし登録期間の末日までにインボイス発行事業者の登録（又は登録の拒否）に係る通知がないときは、その末日の翌日から通知がその相続人に到達するまでの期間は、みなし登録期間とみなすこととされています（消令70の６②）。

≪参考図≫

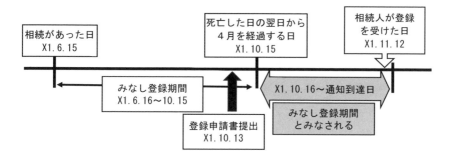

(5) みなし登録期間後の被相続人に係るインボイスの交付義務の承継

　被相続人がインボイス発行事業者であった課税期間において行った課税資産の譲渡等に係る取引の相手方との債権債務関係は、包括的に相続人に承継されますので、インボイスの交付義務も承継されることとなります。したがって、仮に相続人がインボイス発行事業者である被相続人の事業を承継しなかったとしても、その相手方から被相続人が行った課税資産の譲渡等に係るインボイスの交付を求められた場合には、みなし登録期間後であっても相続人はこれを交付しなければなりません。

　また、その被相続人がインボイス発行事業者であった課税期間において行った課税資産の譲渡等についての売上げに係る対価の返還等については、相手方の求めがなくても、相続人は返還インボイスを交付しなければなりません。

(6) インボイス発行事業者でない事業者が死亡した場合

　事業を営んでいない相続人が、相続によりインボイス発行事業者の登録をしていない被相続人の事業を承継した場合には、上記(3)及び(4)

の取扱いは適用されません。ただし、このような場合は、新たに事業を開始したものとして、その相続のあった日の属する課税期間は「事業を開始した日の属する課税期間」に該当します。したがって、その事業を開始した日を含む課税期間中に、その事業を開始した日から登録を受けようとする旨を記載した登録申請書を提出すれば、その事業を開始した日からインボイス発行事業者になることができます（消令70の4、消規26の4一）。

(7) 免税事業者である相続人が事業を承継した場合の棚卸資産の調整

　事業を承継した相続人が免税事業者であっても、みなし登録期間においてはインボイス発行事業者の登録を受けた者とみなされるため、事業者免税点制度の適用はないこととなります（消法9①かっこ書）。そうすると、みなし登録期間の初日の前日（相続があった日）に免税事業者であった者については、免税事業者であった期間中の課税仕入れ等に係る棚卸資産で、みなし登録期間の初日の前日に有するものの仕入税額については、みなし登録期間の課税仕入れ等の税額に加算することになります（消令70の8②）。

　例えば、消費者等を販売先とする小売業であることを理由に、インボイス発行事業者の登録を受けていなかった免税事業者が、テナントビルの賃貸業を営んでいたインボイス発行事業者である父親（被相続人）の事業を承継したような場合は、このケースに該当すると考えられます。

IX

免税事業者等からの課税仕入れに係る経理処理

Ⅸ　免税事業者等からの課税仕入れに係る経理処理

1　令和5年10月1日以後の経理処理

　消費税の納税義務者である法人は、法人税の所得金額の計算に当たり、消費税及び地方消費税（以下**「消費税等」**といいます。）の経理処理については、次に掲げるいずれかの方法により行うこととされています（消経理通達2）。

① 「税抜経理方式」：消費税等の額とこれに係る取引の対価の額とを区分して経理する方式

② 「税込経理方式」：消費税等の額とこれに係る取引の対価の額とを区分しないで経理する方式

　ところで、インボイス制度が導入されると、課税仕入れであってもインボイス等の記載事項に基づき計算した金額がないものは、原則として仕入税額控除の適用を受けることができないため、インボイス発行事業者以外の者（消費者、免税事業者又は登録を受けていない課税事業者をいい、以下**「免税事業者等」**といいます。）はインボイスを交付することができないことから、免税事業者等からの課税仕入れ（古物営業を営む者が棚卸資産を取得する取引等を除きます。以下同じです。）のようにインボイス等の記載事項に基づき計算した金額がない課税仕入れについては、仕入税額控除の適用を受ける課税仕入れに係る消費税額はないことになります。

　この点、法人税では、仕入税額控除の適用を受ける課税仕入れ等の税額及びその課税仕入れ等の税額に係る地方消費税の額に相当する金額の合計額が仮払消費税等の額とされていますので、税務上は仮払消費税等の額がないことになります（法令139の4⑤⑥、法規28②）。

　このため、仮に法人がインボイス等の記載事項に基づき計算した金額がない課税仕入れについて仮払消費税等の額として経理をした金額

があっても、税務上は原則としてその仮払消費税等の額として経理をした金額を取引の対価の額に含めて法人税の所得金額の計算を行うこととされています（消経理通達1(13)、14の2）。

一方、インボイス制度が導入されてから6年間は、免税事業者等からの課税仕入れについても、仕入税額相当額の一定割合（80％又は50％）を課税仕入れ等に係る消費税額とみなす経過措置が設けられています（28年改正法附則52①、53①）。このため、法人が税抜経理方式を適用する場合において、インボイス等の記載事項に基づき計算した金額がない課税仕入れについて、経過措置の適用を受ける課税仕入れに係る消費税等の額を仮払消費税等の額として法人税の所得金額の計算を行うこととされています（令和3年2月経過的取扱い(2)）。

例えば、免税事業者等から事業用建物を取得し、その対価として1,100万円を支払った場合の税抜経理方式による経理処理は、それぞれの期間に応じて次のとおりとなります。

期　間	仕　訳
令和5年10月1日〜 令和8年9月30日	建　物　　　10,200,000円　現金預金　11,000,000円 仮払消費税等　　800,000円※ ※消費税額等1,000,000円×80％＝800,000円
令和8年10月1日〜 令和11年9月30日	建　物　　　10,500,000円　現金預金　11,000,000円 仮払消費税等　　500,000円 ※消費税額等1,000,000円×50％＝500,000円
令和11年10月1日〜	建　物　　　11,000,000円　現金預金　11,000,000円

(注) 所得税に係る経理処理についても同様の取扱いとなります。

IX　免税事業者等からの課税仕入れに係る経理処理

2　簡易課税制度を適用している事業者の特例

(1)　特例①（簡易課税制度適用事業者）

　免税事業者等からの課税仕入れに係る経理処理の原則は上記1のとおりですが、簡易課税制度を適用している事業者（以下「**簡易課税制度適用事業者**」といいます。）は、インボイス等の有無にかかわらず、課税売上げに係る税額にみなし仕入率を掛けて計算した金額の仕入税額控除が認められていることから、仕入税額控除を適用するに当たってインボイス等の有無が要件とされていません。

　こうしたことを踏まえ、税抜経理方式を適用している簡易課税制度適用事業者が課税仕入れを行った場合に、その取引相手が、インボイス発行事業者か免税事業者等かを厳密に区分する事務負担を軽減する観点から、簡易課税制度を適用している課税期間を含む事業年度における継続適用を条件として、インボイス等の記載事項に基づき計算した金額の有無にかかわらず全ての課税仕入れについて、課税仕入れに係る支払対価の額に110分の10（軽減税率の対象となるものは108分の8）を掛けて算出した金額を仮払消費税等の額として経理をした場合には、その処理も認められることとされています（消経理通達1の2）。

　なお、免税事業者は税込経理方式を適用して法人税の所得金額を計算することになりますが（消経理通達5）、免税事業者が令和5年10月1日から令和11年9月30日までの日の属する課税期間中にインボイス発行事業者の登録を受ける場合には、一の事業年度中に納税義務が免除される期間と納税義務が免除されない期間が存在する場合があります（28年改正法附則44④）。この場合において、納税義務が免除されない期間において簡易課税制度を適用し、この取扱いの適用を受けるときは、納税義務が免除されない期間の課税仕入れについて支払対

価の額に110分の10（軽減税率の対象となるものは108分の8）を掛けて算出した金額を仮払消費税等の額として経理をすることになります。

(注) 2割特例の適用を受ける事業者も同様の経理が認められています（令和5年12月経過的取扱い(2)）。

(2) 特例②（原則の取扱いを先取りした者）

　インボイス等の記載事項に基づき計算した金額がない課税仕入れについて、経過措置期間（令和5年10月1日から令和11年9月30日までの期間をいいます。以下同じです。）においては、従前の仕入税額相当額の一定割合を課税仕入れに係る消費税額として仮払消費税等の額を経理をすることになりますが（令和3年2月経過的取扱い(2)の(1)(2)）、段階的にシステムの改修を行うことの事務負担に配慮する観点から、経過措置期間終了後の原則となる取扱いを先取りして、経過措置期間中にインボイス等の記載事項に基づき計算した金額がない課税仕入れについて消費税等の額に相当する金額を取引の対価の額と区分して経理をしなかったときは、仮払消費税等の額はないものとして法人税の所得金額の計算を行うことも認められています（令和3年2月経過的取扱い(3)）。

　なお、この取扱いは、簡易課税制度や2割特例制度を適用していない事業者についても適用できることとされています。

　これらの取扱いをまとめると、次の図のとおりとなります。

Ⅸ 免税事業者等からの課税仕入れに係る経理処理

【税抜経理方式を適用する場合の仮払消費税等の額】

(注)1 　図中の割合は、支払対価の額に掛ける割合（かっこ書きは、軽減税率の対象となるものの割合）です。

　　2 　「特例①」は簡易課税制度又は２割特例を適用する課税期間を含む事業年度が対象になり、「特例②」は経過措置期間に国内において行う課税仕入れが対象になります。

3 　インボイス制度導入前の金額で仮払消費税等を計上した場合の法人税の取扱い

　インボイス制度導入後の税務上の経理処理は、免税事業者等からの課税仕入れについては、原則として仮払消費税等の額はないこととなります。しかし、何らかの理由で、免税事業者等からの課税仕入れについてインボイス制度導入前と同様に、支払対価の額に110分の10（軽減税率の対象となる場合は108分の８）を掛けて算出した金額を仮払消費税等の額として経理しているような場合の具体的な税務調整については、以下の例を参考にしてください。

(1) 経過措置期間終了後に免税事業者から減価償却資産を取得した場合

問

A社（9月決算）は、免税事業者等からの仕入れに係る経過措置が終了した令和11年10月1日に免税事業者から店舗用の建物を取得し、その対価として1,100万円を支払いました。A社は税抜経理方式で経理しており、この取引について支払対価の額の110分の10相当額（100万円）を仮払消費税等の額として経理しました。A社の消費税の課税期間は事業年度と一致しており、その事業年度において、仮払消費税等の額として経理をした金額はこの取引に係る100万円及びインボイス発行事業者との取引に係る120万円であり、また、仮受消費税等の額として経理をした金額は240万円でした。決算時において、納付すべき消費税等の額が120万円と算出されたため、仮受消費税等の額から仮払消費税等の額を控除した金額との差額が100万円生ずることとなり、その差額を雑損失として計上しました。この場合の課税仕入れに係る法人税法上の取扱いはどうなりますか。

なお、この建物は取得後直ちに事業の用に供しており、耐用年数20年で定額法により減価償却費を算出しています。

また、その事業年度において控除対象外消費税額等は生じません。

【取得時】
建　　物	10,000,000円	現金預金	11,000,000円
仮払消費税等	1,000,000円		

【決算時】
減価償却費	500,000円	建　　物	500,000円
仮受消費税等	2,400,000円	仮払消費税等	2,200,000円
雑　損　失	1,000,000円	未払消費税等	1,200,000円

(答)

以下のような申告調整を行います。

Ⅸ　免税事業者等からの課税仕入れに係る経理処理

○　別表四　所得の金額の計算に関する明細書

区　分		総　額	処　分	
			留　保	社外流出
加算	減価償却の償却超過額	950,000円	950,000円	

○　別表五（一）　利益積立金額及び資本金等の額の計算に関する明細書

Ⅰ　利益積立金額の計算に関する明細書				
区　分	期首現在利益積立金額	当期の増減		差引翌期首現在利益積立金額
		減	増	
建物減価償却超過額			950,000円	950,000円

　なお、簡易課税制度を適用している場合には、上記のような申告調整を行わないことも認められます。

（解説）

　この事例では、法人の会計上、100万円を仮払消費税等の額として建物の取得価額と区分して経理していますが、令和11年10月1日以後（経過措置終了後）の取引であるため、税務上は仮払消費税等の額はないことになりますので、この100万円は建物の取得価額に算入することになります（消経理通達14の2）。

　その上で、決算時に雑損失として計上した金額（100万円）は、法人税法第31条第1項《減価償却資産の償却費の計算及びその償却の方法》に規定する「償却費として損金経理をした金額」に含まれるものとして取り扱い、結果として、償却限度額を超える部分の金額である95万円（※）を減価償却の償却超過額としてその事業年度の所得金額に加算することになります（消経理通達3の2(1)注、14の2注1）。

なお、この償却超過額として加算した95万円は、通常の償却超過額と同様に、翌事業年度以後の各事業年度において「償却費として損金経理をした金額」に含めて償却限度額の範囲内で損金の額に算入することになります（法法31①④）。

※　建物減価償却超過額の計算

（$\underline{10,000,000円＋1,000,000円}$）×0.050＝550,000円（償却限度額）
　　　建物の取得価額

（$\underline{500,000円＋1,000,000円}$）－550,000円＝$\underline{950,000円}$
　償却費として損金経理をした金額

　また、税抜経理方式で経理をしている法人は、課税期間の終了の時における仮受消費税等の額の合計額から仮払消費税等の額の合計額（控除対象外消費税額等に相当する金額を除きます。）を控除した金額とその課税期間に係る納付すべき消費税等の額との差額については、その課税期間を含む事業年度において益金の額又は損金の額に算入することになりますが（消経理通達6）、この場合の仮払消費税等の額の合計額には、インボイス発行事業者以外の者からの課税仕入れについて仮払消費税等の額として経理をした金額は含まれません（消経理通達1⑬、14の2）。

　この事例においては、法人の会計上、建物の取得価額と区分して経理をした100万円の仮払消費税等の額を建物の取得価額に含めていないため仮払消費税等の額が220万円になっていますが、税務上の仮払消費税等の額は120万円（インボイス発行事業者との取引に係る部分）になりますので、仮受消費税等の額の合計額（240万円）から仮払消費税等の額の合計額（120万円）を控除した金額（120万円）とその課税期間に係る納付すべき消費税等の額（120万円）との差額はな

Ⅸ 免税事業者等からの課税仕入れに係る経理処理

く、その事業年度において雑損失として損金の額に算入する金額はありません。

(2) 経過措置期間終了後に免税事業者から棚卸資産を取得した場合

問

　B社（9月決算法人）は、免税事業者等からの仕入れに係る経過措置が終了した令和12年9月1日に免税事業者から家具20個を仕入れ、その対価として220万円（11万円×20個）を支払いました。B社は税抜経理方式で経理しており、この取引について支払対価の額の110分の10相当額（20万円）を仮払消費税等の額として経理しました。B社の消費税の課税期間は事業年度と一致しており、その事業年度において、仮払消費税等の額として経理をした金額はこの取引に係る20万円及びインボイス発行事業者との取引に係る120万円であり、また、仮受消費税等の額として経理をした金額は140万円でした。決算時において、納付すべき消費税等の額が20万円と算出されたため、仮受消費税等の額から仮払消費税等の額を控除した金額との差額が20万円生ずることとなり、その差額を雑損失として計上しました。また、この商品のうち10個は期末時点で在庫として残っています。この場合の課税仕入れに係る法人税法上の取扱いはどうなりますか。

　なお、その事業年度において控除対象外消費税額等は生じません。

【仕入時】
| 仕　　入 | 2,000,000円 | 現金預金 | 2,200,000円 |
| 仮払消費税等 | 200,000円 | | |

【決算時】
商　　品	1,000,000円	仕　　入	1,000,000円
仮受消費税等	1,400,000円	仮払消費税等	1,400,000円
雑　損　失	200,000円	未払消費税等	200,000円

(答)

以下のような申告調整を行います。

Ⅸ　免税事業者等からの課税仕入れに係る経理処理

○　別表四　所得の金額の計算に関する明細書

区　　分		総　　額	処　　分	
			留　保	社外流出
加算	雑損失の過大計上	100,000円	100,000円	

○　別表五（一）　利益積立金額及び資本金等の額の計算に関する明細書

Ⅰ　利益積立金額の計算に関する明細書				
区　　分	期首現在利益積立金額	当期の増減		差引翌期首現在利益積立金額
		減	増	
商品			100,000円	100,000円

　なお、簡易課税制度を適用している場合には、上記のような申告調整を行わないことも認められます。

（解説）

　この事例においては、法人の会計上、20万円を仮払消費税等の額として商品の取得価額と区分して経理していますが、令和11年10月1日以後（経過措置終了後）の取引であるため、税務上は仮払消費税等の額はないことになりますので、この20万円は商品の取得価額に算入することになります（消経理通達14の2）。

　その上で、決算時に雑損失として計上した金額（20万円）のうち期中に販売した商品に係る部分の金額は、売上原価としてその事業年度の損金の額に算入されますので、結果として、期末に在庫として残った商品に係る部分の金額である10万円（20万円×10個／20個）を雑損失の過大計上としてその事業年度の所得金額に加算することになります。

　また、税抜経理方式で経理をしている法人は、課税期間の終了の時

における仮受消費税等の額の合計額から仮払消費税等の額の合計額（控除対象外消費税額等に相当する金額を除きます。）を控除した金額とその課税期間に係る納付すべき消費税等の額との差額については、その課税期間を含む事業年度において益金の額又は損金の額に算入することになりますが（消経理通達6）、この場合の仮払消費税等の額の合計額には、インボイス発行事業者以外の者からの課税仕入れについて仮払消費税等の額として経理をした金額は含まれません（消経理通達1⒀、14の2）。

この事例においては、法人の会計上、商品の取得価額と区分して経理をした20万円の仮払消費税等の額を商品の取得価額に含めていないため仮払消費税等の額が140万円になっていますが、税務上の仮払消費税等の額は120万円（インボイス発行事業者との取引に係る部分）になりますので、仮受消費税等の額の合計額（140万円）から仮払消費税等の額の合計額（120万円）を控除した金額（20万円）とその課税期間に係る納付すべき消費税等の額（20万円）との差額はなく、その事業年度において雑損失として損金の額に算入する金額はありません。

IX 免税事業者等からの課税仕入れに係る経理処理

(3) 経過措置期間終了後に免税事業者に経費等を支出した場合

問

C社（9月決算法人）は、全社員の慰安のため、免税事業者等からの仕入れに係る経過措置が終了した令和12年9月1日に免税事業者が営む国内の店舗において飲食を行い、その対価として11万円を支払いました。C社は税抜経理方式で経理しており、この取引について支払対価の額の110分の10相当額（1万円）を仮払消費税等の額として経理しました。C社の課税期間は事業年度と一致しており、その事業年度において、仮払消費税等の額として経理をした金額はこの取引に係る1万円及びインボイス発行事業者との取引に係る120万円であり、また、仮受消費税等の額として経理をした金額は140万円でした。決算時において、納付すべき消費税等の額が20万円と算出されたため、仮受消費税等の額から仮払消費税等の額を控除した金額との差額が1万円生ずることとなり、その差額を雑損失として計上しました。この場合の課税仕入れに係る法人税法上の取扱いはどうなりますか。

なお、その事業年度において控除対象外消費税額等は生じません。

【支出時】

福利厚生費	100,000円	現金預金	110,000円
仮払消費税等	10,000円		

【決算時】

仮受消費税等	1,400,000円	仮払消費税等	1,210,000円
雑　損　失	10,000円	未払消費税等	200,000円

（答）

この事例における税務上の仕訳は以下のとおりになりますが、所得金額は変わらないため、申告調整は不要です。

【支出時】

福利厚生費	110,000円	現金預金	110,000円

【決算時】

仮受消費税等	1,400,000円	仮払消費税等	1,200,000円
		未払消費税等	200,000円

(解説)

　この事例においては、法人の会計上、1万円を仮払消費税等の額として福利厚生費と区分して経理していますが、令和11年10月1日以後（経過措置終了後）の取引であるため、税務上は仮払消費税等の額はないことになりますので、この1万円は福利厚生費の額に算入することになります（消経理通達14の2）。

　また、税抜経理方式で経理をしている法人は、課税期間の終了の時における仮受消費税等の額の合計額から仮払消費税等の額の合計額（控除対象外消費税額等に相当する金額を除きます。）を控除した金額とその課税期間に係る納付すべき消費税等の額との差額については、その課税期間を含む事業年度において益金の額又は損金の額に算入することになりますが（消経理通達6）、この場合の仮払消費税等の額の合計額には、インボイス発行事業者以外の者からの課税仕入れについて仮払消費税等の額として経理をした金額は含まれません（消経理通達1(13)、14の2）。

　この事例においては、法人の会計上、福利厚生費の額と区分して経理をした1万円の仮払消費税等の額を福利厚生費の額に含めていないため仮払消費税等の額が121万円になっていますが、税務上の仮払消費税等の額は120万円（インボイス発行事業者との取引に係る部分）になりますので、仮受消費税等の額の合計額（140万円）から仮払消費税等の額の合計額（120万円）を控除した金額（20万円）とその課税期間に係る納付すべき消費税等の額（20万円）との差額はなく、そ

Ⅸ　免税事業者等からの課税仕入れに係る経理処理

の課税期間を含む事業年度において雑損失として損金の額に算入する金額はありません。

　これらのことから、福利厚生費の支出時に仮払消費税等の額として経理をした金額（１万円）を福利厚生費の額として損金の額に算入すべきことになりますが、損金の額に算入すべき金額（１万円）は、決算時に雑損失として計上した金額（１万円）と一致しているため、結果的に申告調整は不要になります。

　なお、この事例の飲食のために要した費用が、その得意先、仕入先その他事業に関係のある者等に対する接待、供応、慰安、贈答その他これらに類する行為のために支出するものである場合には、交際費等の額の計算や、交際費等の範囲から除かれる飲食費の金額基準の判定は、この事例における仮払消費税等の額として経理をした金額を含めた後の金額により行うことになります（消経理通達12）。

(4) 経過措置期間中(令和5年10月～令和8年9月)に免税事業者から減価償却資産を取得した場合

問

D社(9月決算法人)は、免税事業者等からの仕入れに係る経過措置期間中である令和5年10月1日に免税事業者から国内にある店舗用の建物を取得し、その対価として1,320万円を支払いました。D社は税抜経理方式で経理しており、この取引について支払対価の額の110分の10相当額(120万円)を仮払消費税等の額として経理しました。また、D社の消費税の課税期間は事業年度と一致しており、この課税期間の課税売上割合は50％で、仕入税額控除の計算は一括比例配分方式を適用しています。この事業年度において仮払消費税等の額として経理した金額はこの取引に係る120万円のみで、このほか仮受消費税等の額として経理した金額が120万円ありました。決算時において、納付すべき消費税等の額が72万円と算出されたため、仮受消費税等の額から仮払消費税等の額を控除した金額との間に差額が72万円生じることとなり、その差額を雑損失として計上しました。この場合の課税仕入れに係る法人税の取扱いはどうなりますか。

なお、この建物は取得後直ちに事業の用に供しており、耐用年数20年で定額法により減価償却費を算出しています。

【取得時】
| 建　　物 | 12,000,000円 | 現金預金 | 13,200,000円 |
| 仮払消費税等 | 1,200,000円 | | |

【決算時】
減価償却費	600,000円	建　　物	600,000円
仮受消費税等	1,200,000円	仮払消費税等	1,200,000円
雑　損　失	720,000円	未払消費税等	720,000円

(答)

以下のような申告調整を行います。

IX　免税事業者等からの課税仕入れに係る経理処理

○　別表四　所得の金額の計算に関する明細書

区　分		総　額	処　分	
			留　保	社外流出
加算	減価償却の償却超過額	228,000円	228,000円	
	控除対象外消費税額等の損金算入限度超過額	432,000円	432,000円	

○　別表五（一）　利益積立金額及び資本金等の額の計算に関する明細書

I　利益積立金額の計算に関する明細書				
区　分	期首現在利益積立金額	当期の増減		差引翌期首現在利益積立金額
		減	増	
建物減価償却超過額			228,000円	228,000円
繰延消費税額等			432,000円	432,000円

　なお、簡易課税制度又は2割特例を適用している場合には、120万円を税務上の仮払消費税等の額として建物の取得価額や控除対象外消費税額等の計算を行うことも認められます。

(解説)

i　建物減価償却超過額の計算

　令和5年10月1日から令和8年9月30日までの間に行われた免税事業者等からの課税仕入れについては、インボイス制度導入前の課税仕入れに係る消費税額の80％相当額を仕入税額控除することができます（28年改正法附則52①）。

　このため、法人が税抜経理方式で経理をしている場合において、免税事業者等からの課税仕入れについては、支払対価の額のうちインボ

イス制度導入前の仮払消費税等の額の80％相当額を仮払消費税等の額として経理し、残額を資産の取得価額として法人税の所得金額の計算を行うことになります（消経理通達３の２、令和３年２月経過的取扱い(2)の(1)）。

この事例においては、法人の会計上、120万円を仮払消費税等の額として建物の取得価額と区分して経理していますが、税務上は仮払消費税等の額は96万円（120万円×80％）となりますので、120万円のうち96万円を超える部分の金額である24万円は、建物の取得価額に算入することになります。

ところで、この事例においては、納付すべき消費税等の額が72万円（※１）と算出されたため、決算時に仮受消費税等の額から仮払消費税等の額を控除した金額との間に生じた差額の72万円を雑損失として計上しています。

※１　納付すべき消費税等の額の計算

$$\boxed{1,200,000円} - (\boxed{1,200,000円} \times 80\% \times \boxed{50\%}) = 720,000円$$
　　　仮受消費税等　　　仮払消費税等　　　　課税売上割合

この雑損失の金額のうち24万円（120万円×20％）は、法人税法第31条第１項に規定する「償却費として損金経理をした金額」に含まれるものとして取り扱い、結果として、償却限度額を超える部分の金額である22万８千円（※２）を減価償却の償却超過額として所得金額に加算することになります（消経理通達３の２(1)(注)、14の２(注)１）。

※２　$(\boxed{12,000,000円 + 240,000円}) \times 0.050 = 612,000円$（償却限度額）
　　　　本来の建物の取得価額

　　　$(\boxed{600,000円 + 240,000円}) - 612,000円 = \underline{228,000円（減価償却超過額）}$
　　　償却費として損金経理をした金額

なお、この償却超過額として加算した22万８千円は、通常の償却超

Ⅸ　免税事業者等からの課税仕入れに係る経理処理

過額と同様に、翌事業年度以後の各事業年度において「償却費として損金経理をした金額」に含めて償却限度額の範囲内で損金の額に算入することになります（法法31①④）。

ⅱ　控除対象外消費税額等の損金算入限度超過額の計算

税抜経理方式で経理をしている法人は、課税期間の終了の時における仮受消費税等の額の合計額から仮払消費税等の額の合計額（控除対象外消費税額等に相当する金額を除きます。）を控除した金額とその課税期間に係る納付すべき消費税等の額との差額については、その課税期間を含む事業年度において益金の額又は損金の額に算入することになります（消経理通達6）。

この事例においては、前述のとおり、税務上の仮払消費税等の額は96万円になり、仮受消費税等の額の合計額（120万円）から仮払消費税等の額の合計額（96万円）を控除した金額（24万円）とその課税期間に係る納付すべき消費税等の額（72万円）との差額は48万円になりますが、課税売上割合が50％で、仕入税額控除の計算は一括比例配分方式を適用しているため、控除対象外消費税額等が生ずることになります。

この控除対象外消費税額等は、仕入税額控除の適用を受ける課税仕入れに係る消費税等の額のうち消費税法第30条第1項《仕入れに係る消費税額の控除》の規定による控除をすることができない金額（地方消費税相当額を含みます。）になりますので、地方消費税も加味したところで計算すると、仕入税額控除の適用を受ける課税仕入れに係る消費税等の額96万円（※3）のうち、控除をすることができない金額は48万円（※4）になります（法令139の4⑤⑥、30年改正法令附則14③）。

※3　仕入税額控除の適用を受ける消費税等の額

　　　13,200,000円 ×10/110×80％＝960,000円
　　建物の支払対価

※4　控除対象外消費税額等（控除をすることができない金額）

　　960,000円×（1－ 50％ ）＝480,000円
　　　　　　　　　　課税売上割合

　この事例においては、課税売上割合は80％未満であり、また、控除対象外消費税額等（48万円）は棚卸資産に係るもの等には該当しないため、繰延消費税額等として資産計上をした上で、損金経理を要件として5年以上の期間で損金の額に算入します（法令139の4③④）。その事業年度の損金算入限度額は、4万8千円（繰延消費税額等を60で除して12（その事業年度の月数）を乗じた金額の2分の1に相当する金額※5）になりますので、結果として、決算時に雑損失として計上した金額（72万円）のうち48万円について、損金算入限度額を超える部分の金額である43万2千円（※6）を繰延消費税額等の損金算入限度超過額としてその事業年度の所得金額に加算することになります（法令139の4③）。

※5　損金算入限度額

　　　480,000円 ÷60×12×1/2＝48,000円（損金算入限度額）
　　控除対象外消費税額等

※6　控除対象外消費税額等の損金算入限度超過額

　　　480,000円－48,000円＝<u>432,000円</u>

　なお、その事業年度後の各事業年度においては、その事業年度に生じた繰延消費税額等を60で除してその各事業年度の月数を乗じた金額に達するまでの金額を損金の額に算入することになります（法令139の4④）。

IX 免税事業者等からの課税仕入れに係る経理処理

(5) 経過措置期間中（令和8年10月～令和11年9月）に免税事業者から減価償却資産を取得した場合

問

E社（9月決算法人）は、免税事業者等からの仕入れに係る経過措置期間中である令和8年10月1日に免税事業者から国内にある店舗用の建物を取得し、その対価として1,320万円を支払いました。E社は税抜経理方式で経理しており、この取引について支払対価の額の110分の10相当額（120万円）を仮払消費税等の額として経理しました。また、E社の消費税の課税期間は事業年度と一致しており、この課税期間の課税売上割合は50％で、仕入税額控除の計算は一括比例配分方式を適用しています。この事業年度において仮払消費税等の額として経理した金額はこの取引に係る120万円のみで、このほか仮受消費税等の額として経理した金額が120万円ありました。決算時において、納付すべき消費税等の額が90万円と算出されたため、仮受消費税等の額から仮払消費税等の額を控除した金額との間に差額が90万円生じることとなり、その差額を雑損失として計上しました。この場合の課税仕入れに係る法人税の取扱いはどうなりますか。

なお、この建物は取得後直ちに事業の用に供しており、耐用年数20年で定額法により減価償却費を算出しています。

【取得時】
建　　　物	12,000,000円	現金預金	13,200,000円
仮払消費税等	1,200,000円		

【決算時】
減価償却費	600,000円	建　　　物	600,000円
仮受消費税等	1,200,000円	仮払消費税等	1,200,000円
雑　損　失	900,000円	未払消費税等	900,000円

(答)

以下のような申告調整を行います。

○ 別表四　所得の金額の計算に関する明細書

区　　分		総　　額	処　　分	
			留　保	社外流出
加算	減価償却の償却超過額	570,000円	570,000円	
	控除対象外消費税額等の損金算入限度超過額	270,000円	270,000円	

○ 別表五（一）　利益積立金額及び資本金等の額の計算に関する明細書

Ⅰ　利益積立金額の計算に関する明細書				
区　　分	期首現在利益積立金額	当期の増減		差引翌期首現在利益積立金額
		減	増	
建物減価償却超過額			570,000円	570,000円
繰延消費税額等			270,000円	270,000円

　なお、簡易課税制度を適用している場合には、120万円を税務上の仮払消費税等の額として建物の取得価額や控除対象外消費税額等の計算を行うことも認められます。

（解説）

i　建物減価償却超過額の計算

　インボイス制度導入後、令和8年10月1日から令和11年9月30日までの間に行われた免税事業者等からの課税仕入れについては、インボイス制度導入前の課税仕入れに係る消費税額の50％相当額について仕入税額控除の適用を受けることができます（28年改正法附則53①）。

　このため、法人が税抜経理方式で経理をしている場合において、免税事業者からの課税仕入れについては、支払対価の額のうちインボイス制度導入前の仮払消費税等の額の50％相当額を仮払消費税等の額と

Ⅸ 免税事業者等からの課税仕入れに係る経理処理

して経理し、残額を資産の取得価額として法人税の所得金額の計算を行うことになります（消経理通達3の2、令和3年2月経過的取扱い(2)の(2)）。

この事例においては、法人の会計上、120万円を仮払消費税等の額として建物の取得価額と区分して経理していますが、税務上は仮払消費税等の額は60万円（120万円×50％）となりますので、120万円のうち60万円を超える部分の金額である60万円は、建物の取得価額に算入することになります。

ところで、この事例においては、納付すべき消費税等の額が90万円（※1）と算出されたため、決算時に仮受消費税等の額の合計額から仮払消費税等の額を控除した金額との間に生じた差額の90万円を雑損失として計上しています。

※1　納付すべき消費税等の額の計算

　$\boxed{1,200,000円} - (\boxed{1,200,000円} \times 50\% \times \boxed{50\%}) = 900,000円$
　仮受消費税等　　仮払消費税等　　　　課税売上割合

この雑損失の金額のうち60万円（120万円×50％）は、上記のとおり本来は建物の取得価額に算入すべきものですが、「償却費として損金経理をした金額」として取り扱い、結果として償却限度額を超える部分の57万円（※2）を減価償却の償却超過額として所得金額に加算することになります（消経理通達3の2(1)注）。

※2　$(\boxed{12,000,000円 + 600,000円}) \times 0.050 = 630,000円$（償却限度額）
　　　本来の建物の取得価額

　　　$(\boxed{600,000円 + 600,000円}) - 630,000円 = \underline{570,000円（減価償却超過額）}$
　　　償却費として損金経理をした金額

なお、この償却超過額として加算した57万円は、通常の償却超過額と同様に、翌事業年度以後の各事業年度において「償却費として損金

経理をした金額」に含めて償却限度額の範囲内で損金の額に算入することになります（法法31①④）。

ⅱ　控除対象外消費税額等の損金算入限度超過額の計算

　税抜経理方式で経理をしている法人は、課税期間の終了の時における仮受消費税等の額の合計額から仮払消費税等の額の合計額（控除対象外消費税額等に相当する金額を除きます。）を控除した金額とその課税期間に係る納付すべき消費税等の額との差額については、その課税期間を含む事業年度において益金の額又は損金の額に算入することになります（消経理通達6）。

　この事例においては、前述のとおり、税務上の仮払消費税等の額は60万円になり、仮受消費税等の額の合計額（120万円）から仮払消費税等の額の合計額（60万円）を控除した金額（60万円）とその課税期間に係る納付すべき消費税等の額（90万円）との差額は30万円になりますが、課税売上割合が50％で、仕入税額控除の計算は一括比例配分方式を適用しているため、控除対象外消費税額等が生ずることになります。

　この控除対象外消費税額等は、仕入税額控除の適用を受ける課税仕入れに係る消費税等の額のうち消費税法第30条第1項の規定による控除をすることができない金額（地方消費税相当額を含みます。）になりますので、地方消費税も加味したところで計算すると、仕入税額控除の適用を受ける課税仕入れに係る消費税等の額60万円（※3）のうち、控除をすることができない金額は30万円（※4）になります（法令139の4⑤⑥、30年改正法令附則14④）。

※3　仕入税額控除の適用を受ける消費税等の額
　　　$\boxed{13,200,000円} \times 10/110 \times 50\% = 600,000円$
　　　建物の支払対価

Ⅸ　免税事業者等からの課税仕入れに係る経理処理

※4　控除対象外消費税額等（控除をすることができない金額）

600,000円×（1－ 50% ）＝300,000円
　　　　　　　　課税売上割合

　この事例においては、課税売上割合は80％未満であり、また、控除対象外消費税額等（30万円）は棚卸資産に係るもの等には該当しないため、繰延消費税額等として資産計上をした上で、損金経理を要件として5年以上の期間で損金の額に算入します（法令139の4③④）。その事業年度の損金算入限度額は3万円（繰延消費税額等を60で除して12（その事業年度の月数）を乗じた金額の2分の1に相当する金額※5）になりますので、結果として、決算時に雑損失として計上した金額（90万円）のうち30万円について、損金算入限度額を超える部分の金額である27万円（※6）を繰延消費税額等の損金算入限度超過額としてその事業年度の所得金額に加算することになります（法令139の4③）。

※5　損金算入限度額

300,000円 ÷60×12×1/2＝30,000円
控除対象外消費税額等

※6　控除対象外消費税額等の損金算入限度超過額

300,000円－30,000円＝<u>270,000円</u>

　なお、その事業年度後の各事業年度においては、その事業年度に生じた繰延消費税額等を60で除してその各事業年度の月数を乗じた金額に達するまでの金額を損金の額に算入することになります（法令139の4④）。

(6) 経過措置期間中（令和8年10月～令和11年9月）に免税事業者から課税仕入れを行った場合の法人税法上の取扱いの特例

問

　F社（9月決算法人）は、令和5年10月1日に免税事業者から国内にある店舗用の建物を取得し、その対価として1,320万円を支払いました。F社は税抜経理方式で経理をしていますが、免税事業者との取引については、仮払消費税等の額を取引の対価の額から区分して経理を行わないこととしており、この取引についてもその全額を建物の取得価額に含めました。また、F社の消費税の課税期間は事業年度と一致しており、その課税期間の課税売上割合は50％で、仕入税額控除の計算は一括比例配分方式を適用しているところ、その事業年度において、仮払消費税等の額として経理をした金額はなく、仮受消費税等の額として経理をした金額は120万円でした。決算時において、納付すべき消費税等の額が72万円と算出されたため、仮受消費税等の額から仮払消費税等の額を控除した金額との差額が48万円生ずることとなり、その差額を雑益として計上しました。この場合の課税仕入れに係る法人税法上の取扱いはどうなりますか。

　なお、この建物は取得後直ちに事業の用に供しており、耐用年数20年で定額法により減価償却費を算出しています。

【取得時】
建　物	13,200,000円	現金預金	13,200,000円

【決算時】
減価償却費	660,000円	建　物	660,000円
仮受消費税等	1,200,000円	未払消費税等	720,000円
		雑　益	480,000円

(答)

　申告調整は不要です。

Ⅸ　免税事業者等からの課税仕入れに係る経理処理

(解説)

　令和5年10月1日から令和8年9月30日までの間に行われた免税事業者等からの課税仕入れについては、インボイス制度導入前の課税仕入れに係る消費税額の80％相当額を仕入税額控除することができます（28年改正法附則52①）。

　このため、法人が税抜経理方式で経理をしている場合において、免税事業者等からの課税仕入れについては、支払対価の額のうちインボイス制度導入前の仮払消費税等の額の80％相当額を仮払消費税等の額として経理し、残額を資産の取得価額として法人税の所得金額の計算を行うことになります（消経理通達3の2、令和3年2月経過的取扱い(2)の(1)）。

　一方で、令和5年10月1日から令和11年9月30日までの間に行われたインボイス発行事業者以外の者からの課税仕入れについては、上記にかかわらず、仮払消費税等の額として取引の対価の額と区分しないで経理をし、支払対価の額の全額を資産の取得価額として法人税の所得金額の計算を行うことが認められています（令和3年2月経過的取扱い(3)）。

　この事例においては、法人の会計上、仮払消費税等の額を取引の対価の額から区分せずに、その全額を建物の取得価額として経理をしていますので、その処理は法人税の所得金額の計算上も認められることになります。

　なお、減価償却資産の取得以外の取引についても、同様になります。

森田　修（もりた・おさむ）

　国税庁審理室課長補佐、国税庁消費税室課長補佐、東京国税局調査第一部特別国税調査官、三条税務署長、税務大学校総合教育部主任教授、東京国税局消費税課長、大阪国税不服審判所部長審判官、千葉東税務署長などを経て退官。2022年税理士登録。自身の事務所を東京・新宿区四谷に開設するとともに、現在は埼玉学園大学大学院経営学研究科客員教授、文京学院大学大学院経営学研究科客員教授、公益財団法人日本税務研究センター租税法事例研究会（消費税部会）研究員も務める。

〔主な執筆書等〕

　『図解　消費税（令和元年版）』（大蔵財務協会）（編）、『問答式　実務印紙税（令和元年版）』（大蔵財務協会）（編）、『問答式　土地建物等の譲渡をめぐる税務（平成18年版）』（大蔵財務協会）（共編）、他に2019年５月の現職時代、『東京国税局担当官による軽減税率制度とインボイス制度への実務対応のポイント』と題して、大蔵財務協会主催による無料セミナーの講師を務めた。

―税理士・経理担当者必携―
インボイス制度の重要点解説

令和6年11月1日　初版印刷
令和6年11月8日　初版発行

不許複製

著　者　森　田　　　修

発行者　一般財団法人 大蔵財務協会 理事長
　　　　木　村　幸　俊

発行所　一般財団法人　大蔵財務協会
〔郵便番号　130-8585〕
東京都墨田区東駒形1丁目14番1号
(販売部)TEL03(3829)4141・FAX03(3829)4001
(出版編集部)TEL03(3829)4142・FAX03(3829)4005
https://www.zaikyo.or.jp

乱丁、落丁の場合は、お取替えいたします。　　印刷・三松堂㈱
ISBN978-4-7547-3287-5